コーチと入試対策！ 10日間 完成

中学3年間の総仕上げ

英語

0日目 コーチとの出会い …… 2

1日目 be 動詞・一般動詞 …… 6

2日目 進行形・未来を表す文 …… 10

3日目 現在完了 …… 14

4日目 助動詞 …… 18

5日目 不定詞・動名詞 …… 22

6日目 命令文・文構造 …… 26

7日目 いろいろな疑問文・仮定法 …… 30

8日目 比較 …… 34

9日目 受け身 …… 38

10日目 関係代名詞・分詞の形容詞的用法 …… 42

巻末特集 重要連語・重要会話表現・不規則動詞変化表 …… 46

解答と解説 …… 別冊

JN022234

◀ この本のコーチ
・ハプニングにも動じない。
・帽子のコレクション多数。
・日々の散歩は欠かせない。

付録
● 入試チャレンジテスト
「解答と解説」の前についている冊子
● 応援日めくり

♪ 音声の確認方法
各単元の『要点を確認しよう』のすべての英文，『問題を解こう』のリスニング問題に音声がついています。

スマホで聞く 各単元の冒頭にあるQRコードを読み取ってください。

PCで聞く ダウンロード https://portal.bunri.jp/coach/appendix.html にアクセス。
または右のQRコードを読み取ってください。 アクセスコード：CFKWZ

【英作文・リスニング問題イラスト作成】しゅんぶん　QRコードは(株)デンソーウェーブの登録商標です。

0日目 コーチとの出会い

←コーチ？

ある日の
○△中学校
の校庭
ダン
ダン
ダン

ねえねえ，
受験勉強してる？
う〜ん...

中間や期末のテスト勉強はしてきたけど
もう昔やったテスト範囲のことは
覚えてないかも
目の前の
テストがおわると
気がぬけるよね...。
わかる
マッピ
チェック
よし！

ぼくたち
受験生としては
ちょっとヤバいかもね
チューニング
OK
フッ
ギュ
わかってる〜
けど〜

ピュー
まてぇ
プププ
どうしたら
プププ〜
よいのかね〜
わー
うまい
うまいっ!!

あっ
高校入試は〜
まさに
ブルースぅ〜
あはは
ふかないで
うたっちゃってる...!

スポッ
え

そこのきみ！ちょうどよかったーー！
その帽子，わしのなんだ～～！
わぁ

え…ひつじ？
しゃべるひつじ!?!?
ありがとな～
ど，どうぞ…
コレおきにいり
なんだよ

帽子の
お礼に
いいものを
あげよう！

テッテレー
つのでガード
入試が
不安な
きみたちには
コレ!!

コーチと入試対策！
10日間完成
中学3年間の総仕上げ
英語？
タイトル
そのまま
読む
2人…

そう！その名のとおり，たった10日間で
中学3年間の英語を総仕上げ
できるんだ!!!
コーチの
わしと
一緒に
そんなうまい話…あるかな…？

そのヒミツは…？
たべてる!!
ムシャ
ムシャ
コレ，実は
食べられる
紙なのだ
めくってね！

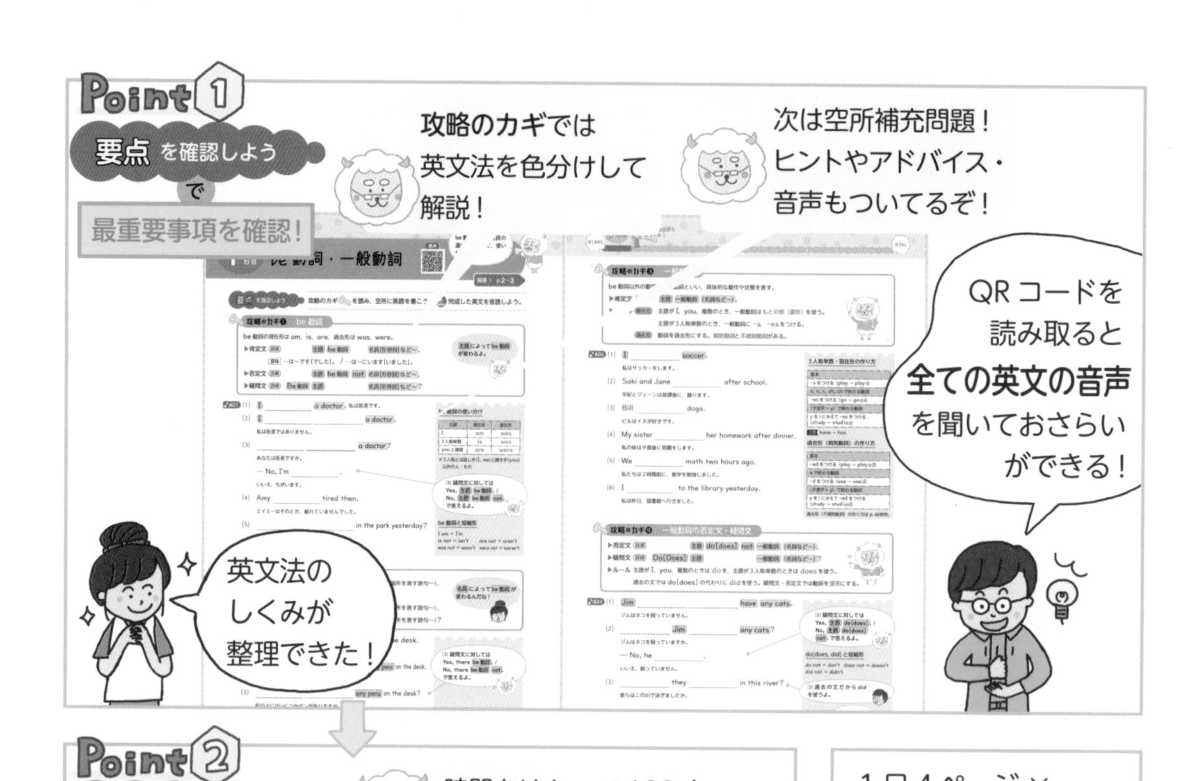

Point 1
要点を確認しようで
最重要事項を確認！
攻略のカギでは
英文法を色分けして
解説！
次は空所補充問題！
ヒントやアドバイス・
音声もついてるぞ！
QRコードを
読み取ると
全ての英文の音声
を聞いておさらい
ができる！
英文法の
しくみが
整理できた！

Point 2
問題を解こうで
実力チェック！
時間をはかって100点
満点のテストにチャレンジ！
ゴクリ
1日4ページ×
10日間ですっきり
頭に入るしくみだよ！
あの～
えっへん
入試問題によく出る
英作文・リスニング・
読解問題の対策が
不安なんだけど…。
わかる！
受験生
あるあるだね！
Point 3
英作文・リスニング・読解の対策も充実!!
全部の単元に
入っているんだ！
Write Read Listen
のマークが
目じるしだね！
Point 4
点数を
記録して
弱点を発見！
ふりかえり
シート
もあるよ！
10日間ふりかえりシート

Point 5
まだまだ！巻末には
入試チャレンジテスト！
ぐぐーっ
解答用紙もついてる！
入試チャレンジテスト
英語
入試当日をイメージ
して本番っぽくやって
みようかな！

Point 6
日めくり
もあるよ！
コトリ
・・・
エー
カワィィ

眺めるだけで楽しく覚えられそう～
おおっ
ウラにも
何かある…!?
ウラ面も
見てみてね！

なかみもいいし
付録もいい！
これなら
できそうな
気がしてきたー
ヨカッタ
ヨカッタ
合格めざして
いっしょに
がんばろうね！

おさらい

1日4ページ

入試の得点源をチェック！

「重要連語・重要会話表現」

1日目～10日目

要点 を確認しよう

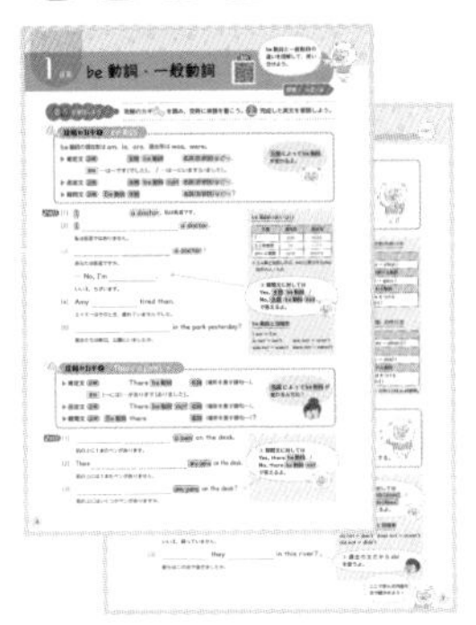

問題 を解こう

その日のうちに

「応援日めくり」

模擬テスト

「入試チャレンジテスト」

入試チャレンジテスト
英語

「ふりかえりシート」

1日目 be動詞・一般動詞

音声

be動詞と一般動詞の違いを理解して，使い分けよう。

解答 > p.2〜3

要点を確認しよう　攻略のカギを読み，空所に英語を書こう。 完成した英文を音読しよう。

攻略のカギ❶ be動詞

be動詞の現在形はam，is，are，過去形はwas，were。

▶肯定文（語順）　主語 be動詞　名詞[形容詞]など〜.

意味 …は〜です[でした]。/ …は〜にいます[いました]。

▶否定文（語順）　主語 be動詞 not 名詞[形容詞]など〜.

▶疑問文（語順）　Be動詞 主語　名詞[形容詞]など〜?

主語によってbe動詞が変わるよ。

♪A01 (1) I ______ a doctor. 私は医者です。

(2) I ______ ------ a doctor.

私は医者ではありません。

(3) ______ ______ a doctor?

あなたは医者ですか。

— No, I'm ______.

いいえ，ちがいます。

(4) Amy ______ tired then.

エイミーはそのとき，疲れていませんでした。

(5) ______ ______ in the park yesterday?

彼女たちは昨日，公園にいましたか。

be動詞の使い分け

主語	現在形	過去形
I	am	was
3人称単数	is	was
youと複数	are	were

※3人称とは話し手(I，we)と聞き手(you)以外の人・もの

(3)疑問文に対しては
Yes, 主語 be動詞. /
No, 主語 be動詞 not.
で答えるよ。

be動詞と短縮形

I am = I'm
is not = isn't　are not = aren't
was not = wasn't　were not = weren't

攻略のカギ❷ There is[are] 〜.

▶肯定文（語順）　There be動詞　名詞（場所を表す語句〜）.

意味 （〜には）…があります[ありました]。

▶否定文（語順）　There be動詞 not 名詞（場所を表す語句〜）.

▶疑問文（語順）　Be動詞 there　名詞（場所を表す語句〜）?

名詞によってbe動詞が変わるんだね！

♪A02 (1) ______ ______ a pen on the desk.

机の上に1本のペンがあります。

(2) There ______ ------ any pens on the desk.

机の上には1本もペンがありません。

(3) ______ ______ any pens on the desk?

机の上にはいくつかペンがありますか。

(3)疑問文に対しては
Yes, there be動詞. /
No, there be動詞 not.
で答えるよ。

攻略のカギ❸　一般動詞

be 動詞以外の動詞を一般動詞といい，具体的な動作や状態を表す。

▶肯定文 語順　主語 一般動詞 (名詞など～).

▶ルール 現在形　主語がI，you，複数のとき，一般動詞はもとの形（原形）を使う。
主語が3人称単数のとき，一般動詞に -s，-es をつける。

過去形　動詞を過去形にする。規則動詞と不規則動詞がある。

A03

(1) I ＿＿＿＿＿＿ soccer.
私はサッカーをします。

(2) Saki and Jane ＿＿＿＿＿＿ after school.
早紀とジェーンは放課後に，踊ります。

(3) Bill ＿＿＿＿＿＿ dogs.
ビルはイヌが好きです。

(4) My sister ＿＿＿＿＿＿ her homework after dinner.
私の妹は夕食後に宿題をします。

(5) We ＿＿＿＿＿＿ math two hours ago.
私たちは2時間前に，数学を勉強しました。

(6) I ＿＿＿＿＿＿ to the library yesterday.
私は昨日，図書館へ行きました。

3人称単数・現在形の作り方

基本
-s をつける（play → plays）
s, o, x, sh, ch で終わる動詞
-es をつける（go → goes）
〈子音字＋y〉で終わる動詞
y を i にかえて -es をつける（study → studies）

注意 have → has

過去形（規則動詞）の作り方

基本
-ed をつける（play → played）
e で終わる動詞
-d をつける（use → used）
〈子音字＋y〉で終わる動詞
y を i にかえて -ed をつける（study → studied）

過去形（不規則動詞）の作り方は p.48参照。

攻略のカギ❹　一般動詞の否定文・疑問文

▶否定文 語順　主語 do[does] not 一般動詞 (名詞など～).

▶疑問文 語順　Do[Does] 主語 一般動詞 (名詞など～)?

▶ルール 主語がI，you，複数のときは do を，主語が3人称単数のときは does を使う。
過去の文では do[does] の代わりに did を使う。疑問文・否定文では動詞を原形にする。

A04

(1) Jim ＿＿＿＿＿＿ ＿＿＿＿＿＿ have any cats.
ジムはネコを飼っていません。

(2) ＿＿＿＿＿＿ Jim ＿＿＿＿＿＿ any cats?
ジムはネコを飼っていますか。

— No, he ＿＿＿＿＿＿.
いいえ，飼っていません。

(3) ＿＿＿＿＿＿ they ＿＿＿＿＿＿ in this river?
彼らはこの川で泳ぎましたか。

(2) 疑問文に対しては Yes, 主語 do[does]. / No, 主語 do[does] not. で答えるよ。

do[does, did] と短縮形

do not = don't　does not = doesn't
did not = didn't

(3) 過去の文だから did を使うよ。

ここで学んだ内容を次で確かめよう！

問題を解こう

／100点

1 次の文の(　)内から適する語を選び，記号を○で囲みなさい。　2点×10(20点)

(1) I (ア is　イ am　ウ are) from Osaka.

(2) Emily (ア is　イ was　ウ were) tired last night.

(3) You (ア are　イ were　ウ was) at the station yesterday.

(4) There (ア is　イ are　ウ was) many computers in this room.

(5) I (ア play　イ plays　ウ do) the guitar on Sunday.

(6) He (ア read　イ reads　ウ is) the newspaper yesterday evening.

(7) She (ア go　イ goes　ウ went) to school by bus yesterday.

(8) My brother (ア isn't　イ don't　ウ doesn't) like carrots.

(9) (ア Are　イ Is　ウ Am) Kevin on the basketball team?

(10) (ア Do　イ Does　ウ Did) you clean your room last Sunday?

2 日本文に合うように，＿＿に適する語を書きなさい。　4点×7(28点)

(1) 彼らはテニスファンではありません。

They ＿＿＿＿＿＿ tennis fans.

(2) 私は昨年，13歳でした。

I ＿＿＿＿＿＿ thirteen years old last year.

(3) 壁に1枚の写真がかかっています。

There ＿＿＿＿＿＿ a picture on the wall.

(4) 由香は黄色いTシャツをもっています。

Yuka ＿＿＿＿＿＿ a yellow T-shirt.

(5) あなたの弟さんは昨日，バスケットボールをしましたか。── はい，しました。

＿＿＿＿＿＿ your brother play basketball yesterday?

— Yes, he ＿＿＿＿＿＿.

(6) あなたたちはこの前の土曜日に，体育館にいましたか。── いいえ，いませんでした。

＿＿＿＿＿＿ you at the gym last Saturday?

— No, we ＿＿＿＿＿＿.

(7) マイクはふだん，早く寝ますか。── はい，寝ます。

＿＿＿＿＿＿ Mike usually go to bed early?

— Yes, he ＿＿＿＿＿＿.

⑤ (3) 文中の every morning「毎朝」の前を確認しよう。
⑥ (1) 問題文の「～が好きです」を表す like のあとに続く語を聞き取ろう。

3 日本文に合うように，〔 〕内の語(句)を並べかえなさい。

5点×3(15点)

(1) グリーン先生はカナダ出身ではありません。
〔 not / Ms. Green / from / is / Canada 〕.

____

(2) 彼らは放課後，ギターをひきますか。
〔 guitar / play / do / the / they 〕 after school?

______________________________ after school?

(3) 私は昨日，この本を買いました。
〔 this / bought / book / I 〕 yesterday.

______________________________ yesterday.

4 Write メモを見て，サム(Sam)を紹介する英文を，書き出しの文に続けて書きなさい。

(7点)

名前：サム
出身地：アメリカ
好きな教科：数学

This is Sam.
He is from America.

____

5 Read リサ(Lisa)がクラスで自己紹介をしています。次の問いに日本語で答えなさい。

6点×3(18点)

Hello, everyone. I'm Lisa. I'm from Australia. I live in Yokohama. I like animals very much. I have two birds and a dog. I run with my dog in the park every morning. Thank you.

(1) リサの出身地はどこですか。 (　　　　　)
(2) リサはイヌと何を飼っていますか。 (　　　　　)
(3) リサは毎朝，イヌといっしょに公園で何をしますか。 (　　　　　)

♪L01 6 Listen 音声を聞いて，内容に合うように(　)に適する日本語を書きなさい。

6点×2(12点)

(1) 健は(　　　　　)が好きです。
(2) メアリーの妹は，よく(　　　　　)をひきます。

1日目はここまで!

2日目 進行形・未来を表す文

音声

進行中の動作や未来のことを表す表現を学ぶよ。

解答 > p.4〜5

要点 を確認しよう 攻略のカギ を読み，空所に英語を書こう。 Speak 完成した英文を音読しよう。

攻略のカギ❶ 進行形

〈be 動詞＋動詞の ing 形〉を進行形といい，現在や過去のある時点で進行中の動作を表す。

▶現在進行形 語順 主語 be 動詞（am / is / are） 動詞の ing 形 〜.

意味 …は〜しています[〜しているところです]。

▶過去進行形 語順 主語 be 動詞（was / were） 動詞の ing 形 〜.

意味 …は〜していました[〜しているところでした]。

主語と時によって be 動詞を使い分けるよ。

♪A05 (1) Ken ______ ------ soccer now.

健は今，サッカーをしています。

(2) Ken ______ ------ soccer then.

健はそのとき，サッカーをしていました。

(3) They ______ ______ outside then.

彼らはそのとき，外を走っていました。

(4) ______ ______ a letter now.

私は今，手紙を書いています。

ing 形の作り方

基本
そのまま -ing (work → working)
e で終わる動詞
最後の e をとって -ing (make → making)
〈短母音＋子音字〉で終わる動詞
最後の文字を重ねて -ing (sit → sitting)

攻略のカギ❷ 進行形の否定文・疑問文

▶否定文 語順 主語 be 動詞 not 動詞の ing 形 〜.

▶疑問文 語順 Be 動詞 主語 動詞の ing 形 〜?

be 動詞の文の作り方と同じだね！

♪A06 (1) Lisa ______ ------ sleeping now.

リサは今，眠っていません。

(2) ______ Lisa ------ now?

リサは今，眠っているのですか。

(3) We then.

私たちはそのとき，話をしていませんでした。

(4) ______ they ______ in the library then?

彼らはそのとき，図書館で勉強していたのですか。

(5) ______ are you ______ now?

あなたは今，何をしているのですか。

— I'm ______.

私は料理をしています。

(3) 空所の数に注意だね。

(4) 答え方はふつうの be 動詞の文と同じだよ。
○の場合は
Yes, 主語 be 動詞.
×の場合は
No, 主語 be 動詞 not.
で答えるよ。

(5)「何をしていますか」とたずねるときは，
What be 動詞 主語 doing? で表すよ。

攻略のカギ❸ 未来（be going to）

be going to を使って，あらかじめ決めておいた予定や未来のことを表すことができる。

▶肯定文 語順 主語 be動詞 going to 動詞の原形 ～.
意味 …は～するつもりです。

▶否定文 語順 主語 be動詞 not going to 動詞の原形 ～.

▶疑問文 語順 Be動詞 主語 going to 動詞の原形 ～?

be動詞は主語によって使い分けるよ。

♪A07 (1) She ______ ______ to buy a new bag.
彼女は新しいかばんを買うつもりです。

(2) She ______ ______ going to buy a new bag.
彼女は新しいかばんを買うつもりはありません。

(3) ______ she ______ to buy a new bag?
彼女は新しいかばんを買うつもりですか。

(4) ______ going to ______ Rie next week.
私は来週，理恵に会うつもりです。

(5) ______ are you ______ to do tomorrow?
あなたは明日，何をするつもりですか。

(2)(3) 否定文・疑問文の作り方は，ふつうのbe動詞のときと同じだよ。

(4) 空所の数に注意だね。

(5)「何をするつもりですか」とたずねるには What で始めて，疑問文の語順を続けるよ。

攻略のカギ❹ 未来（will）

will を使って，意志や予測，その場で決めたことを表すことができる。

▶肯定文 語順 主語 will 動詞の原形 ～.
意味 …は～するでしょう[～するつもりです]。

▶否定文 語順 主語 will not 動詞の原形 ～.

▶疑問文 語順 Will 主語 動詞の原形 ～?

主語が何であってもwillの形は変わらないよ。

willのあとの動詞は必ず原形になるんだね！

♪A08 (1) Akira ______ ______ here tonight.
明は今夜ここに来るでしょう。

(2) Akira ______ come here tonight.
明は今夜ここに来ないでしょう。

(3) ______ Akira ______ here tonight?
明は今夜ここに来るでしょうか。
— Yes, he ______. はい，来るでしょう。

(4) I ______ ______ Japan next Sunday.
私は次の日曜日には日本を出発しないつもりです。

(5) It ______ ______ sunny tomorrow.
明日は晴れるでしょう。

will と短縮形
I will = I'll　we will = we'll
will not = won't

(3) 疑問文に対して
○の場合は
Yes, 主語 will.
×の場合は
No, 主語 will not [won't].
で答えるよ。

(5) be動詞 am, is, are の原形はすべて be！

問題を解こう

100点

1 次の文の( )内から適する語を選び，記号を○で囲みなさい。 2点×6(12点)

(1) My mother (ア is イ am ウ are) cooking spaghetti now.
(2) I (ア am イ will ウ going) stay home this weekend.
(3) He (ア isn't イ won't ウ doesn't) visit his aunt next month.
(4) Bill (ア isn't イ don't ウ doesn't) doing his homework.
(5) When (ア are イ will ウ do) you going to visit London?
(6) What (ア will イ was ウ were) they doing then?

2 日本文に合うように，____に適する語を書きなさい。 4点×5(20点)

(1) 私は今週末，母を手伝うつもりです。
I'm ________ to ________ my mother this weekend.
(2) 明日は暑くなるでしょう。
It ________ ________ hot tomorrow.
(3) 早紀は今日の午後，映画を見るつもりですか。
________ Saki ________ a movie this afternoon?
(4) 彼はそのとき，川で泳いでいませんでした。
He ________ ________ in the river then.
(5) あなたたちはそのとき，公園で走っていましたか。
________ you ________ in the park then?

3 次の文を( )内の指示にしたがって書きかえるとき，____に適する語を書きなさい。

4点×4(16点)

(1) My father comes home at seven every day.（下線部を next Monday にかえて）
My father ________ going ________ ________ home at seven next Monday.
(2) Kumi will see a movie tomorrow.（否定文に）
Kumi ________ see a movie tomorrow.
(3) You are going to go shopping this Saturday.（疑問文にかえて，No で答える文も）
________ you ________ to go shopping this Saturday?
— No, I'm ________.
(4) Kevin will go to the library after school.（下線部をたずねる疑問文に）
________ ________ Kevin ________ after school?

⑥ (3) 最後の there「そこで」は祖父母の家の近くにある山を指しているね。
⑦ (2) 文の前半と後半でそれぞれいつのことを話しているか聞き取ろう。

4 日本文に合うように，〔 〕内の語を並べかえなさい。 5点×3(15点)

(1) ケイトは明日，忙しいでしょう。
〔 busy / Kate / be / will 〕 tomorrow.
＿＿＿＿＿＿＿＿＿＿ tomorrow.

(2) 私たちはこの夏に富士山に登るつもりです。
〔 are / climb / to / we / going 〕 Mt. Fuji this summer.
＿＿＿＿＿＿＿＿＿＿ Mt. Fuji this summer.

(3) あなたは昨日の５時に何をしていましたか。
〔 were / doing / you / what 〕 at five yesterday?
＿＿＿＿＿＿＿＿＿＿ at five yesterday?

5 Write メモを見て，エイミー(Amy)の今度の日曜日の予定を紹介する英文を，土曜日の例にならって書きなさい。 (7点)

今週末の予定
土曜日：友達とテニス
日曜日：ピアノの練習

(例) Amy is going to play tennis with her friend next Saturday.

＿＿＿＿＿＿＿＿＿＿

6 Read 雄太(Yuta)が，先週末にしたことや今週末の予定を話しています。内容に合うように( )に適する日本語を書きなさい。 6点×3(18点)

I bought a book last Saturday. I was reading it on Sunday morning. It was very interesting. My grandparents live in Nagano. I'm going to visit them with my family next Saturday. There is a beautiful mountain near their house. I'll ski there.

(1) 雄太は先週の日曜日の午前中，(　　　　　)いました。
(2) 雄太は今度の(　　　　　)，長野の祖父母を訪ねるつもりです。
(3) 雄太は山で，(　　　　　)つもりです。

L02 **7** Listen 音声を聞いて，内容に合うように次の文の( )内から適するものを選び，○で囲みなさい。 6点×2(12点)

(1) 由香は今，英語を（ 話して ／ 勉強して ）います。
(2) 明日の天気は（ 雨 ／ 晴れ ）でしょう。

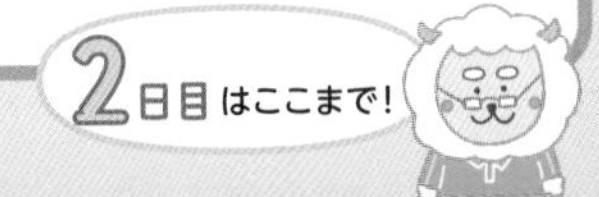

3日目 現在完了

過去と現在を結びつけて，動作や状態を表す表現を学ぶよ。

解答 > p.6~7

要点を確認しよう 攻略のカギ を読み，空所に英語を書こう。  完成した英文を音読しよう。

攻略のカギ❶ 現在完了

現在完了は〈have[has]＋過去分詞〉で表し，３つの用法がある。

語順 主語 have[has] 過去分詞 ～.

▶継続用法 意味 ずっと～しています。

▶経験用法 意味 (これまでに)～したことがあります。

▶完了用法 意味 ～したところです[してしまいました]。

A09

(1) I ＿＿＿＿ ＿＿＿＿ English for five years.
私は５年間英語を勉強しています。

(2) I ＿＿＿＿ ＿＿＿＿ America many times.
私は何回もアメリカを訪れたことがあります。

(3) I ＿＿＿＿ just ＿＿＿＿ the work.
私はちょうどその仕事を終えたところです。

(4) Sam ＿＿＿＿ ＿＿＿＿ in Japan since last year.
サムは昨年から日本に住んでいます。

(5) I ＿＿＿＿ ＿＿＿＿ to New York once.
私はニューヨークに一度行ったことがあります。

(6) The train ＿＿＿＿ already ＿＿＿＿ the station.
電車はすでに駅を出発してしまいました。

よく使われる語句

継続	for＋期間 for a month（1か月間） since＋始まりの時期 since 2020（2020年から）
経験	回数などを表す語句 once（1回），twice（2回）， ～ times（～回），before（前に）
完了	動作の完了を強調する語 just（ちょうど）， already（すでに）

(4) 主語に合わせて have か has を選ぶんだね。

(5)「～に行ったことがある」は，be動詞の過去分詞を使って，have[has] been to ～で表すよ。

攻略のカギ❷ 現在完了の否定文・疑問文

▶否定文 語順 主語 have[has] not 過去分詞 ～.

▶疑問文 語順 Have[Has] 主語 過去分詞 ～?

経験用法の否定文では，not の代わりに never をよく使うよ。

A10

(1) The bus ＿＿＿＿ ＿＿＿＿ arrived yet.
バスはまだ到着していません。

(2) ＿＿＿＿ the bus ＿＿＿＿ yet?
バスはもう到着しましたか。

(3) I haven't ＿＿＿＿ him ＿＿＿＿ a week.
私は彼を１週間見ていません。

(1)(2) yet も現在完了でよく使われる語。否定文では「まだ」，疑問文では「もう」の意味になるよ。

have・has と短縮形

I have = I've　you have = you've
he has = he's　she has = she's
have not = haven't
has not = hasn't

(4) ＿＿＿＿ you ever ＿＿＿＿ to Hokkaido?

これまでに北海道に行ったことがありますか。

— Yes, I ＿＿＿＿.

はい，あります。

(5) How long ＿＿＿＿ you ＿＿＿＿ in Japan?

どのくらいの間日本に滞在しているのですか。

— ＿＿＿＿ a week.

1週間です。

(6) How many times ＿＿＿＿ you ＿＿＿＿ abroad?

海外に旅行したことは何回ありますか。

— ＿＿＿＿.

2回です。

(4) 疑問文に対して
○の場合は
Yes, 主語 have[has].
×の場合は
No, 主語 have[has] not.
で答えるよ。

(5)(6) 期間をたずねるときは How long，回数をたずねるときは How many times を使うんだね！

攻略のカギ❸ 現在完了進行形

〈have[has] been ＋動詞の ing 形〉で，過去に始まった動作が今も続いていることを表す。

▶肯定文 語順 主語 have[has] been 動詞の ing 形 ～.

意味 (今までずっと)～しています。

▶否定文 語順 主語 have[has] not been 動詞の ing 形 ～.

▶疑問文 語順 Have[Has] 主語 been 動詞の ing 形 ～?

A11

(1) It ＿＿＿＿ ＿＿＿＿ raining for two days.

2日間ずっと雨が降っています。

(2) It ＿＿＿＿ been raining for two days.

2日間雨が降っていません。

(3) ＿＿＿＿ it ＿＿＿＿ raining for two days?

2日間ずっと雨が降っているのですか。

(4) He has ＿＿＿＿ ＿＿＿＿ TV since this morning.

彼は今朝からずっとテレビを見ています。

(5) ＿＿＿＿ she ＿＿＿＿ talking on the phone for an hour?

彼女は1時間ずっと電話で話しているのですか。

— Yes, she ＿＿＿＿. はい，そうです。

(6) How long ＿＿＿＿ he ＿＿＿＿ running?

彼はどのくらいの間走っているのですか。

— ＿＿＿＿ noon. 正午からです。

(1)～(4) 継続を表す現在完了と同じく，〈for ＋期間〉や〈since ＋始まりの時期〉を用いて，続いている期間を表すことが多いよ。

(5) 答え方はふつうの現在完了のときと同じだね。

(6)「(期間)～の間」を表すのが for，では「(始まりの時期)～から」を表すのは…？

ここで学んだ内容を次で確かめよう！

問題を解こう

100点　30分

1 次の文の(　)内から適する語(句)を選び，記号を○で囲みなさい。　3点×6(18点)

(1) Mike has (ア lives　イ lived　ウ living) in Japan for three years.

(2) She has just (ア arrive　イ arrived　ウ arriving) at the station.

(3) (ア Have　イ Do　ウ Are) you ever seen the movie?

(4) She has (ア go　イ be　ウ been) to Okinawa twice.

(5) Saki has (ア studying　イ been studying　ウ been studied) since this morning.

(6) I've (ア never　イ never entered　ウ entered never) the building.

2 日本文に合うように，＿＿に適する語を書きなさい。　4点×6(24点)

(1) ケビンは日本語を2年間勉強しています。

Kevin ＿＿＿＿ ＿＿＿＿ Japanese for two years.

(2) 私はちょうど宿題を終えたところです。

I ＿＿＿＿ just ＿＿＿＿ my homework.

(3) エイミーはラーメンを一度も食べたことがありません。

Amy ＿＿＿＿ ＿＿＿＿ eaten ramen.

(4) 彼は昨日からずっとその本を読んでいます。

He ＿＿＿＿ been ＿＿＿＿ the book since yesterday.

(5) あなたはどのくらいここで待っているのですか。―― 2時間です。

＿＿＿＿ ＿＿＿＿ have you been waiting here?

— ＿＿＿＿ two hours.

(6) あなたは京都に何回行ったことがありますか。―― 4回です。

＿＿＿＿ ＿＿＿＿ ＿＿＿＿ have you been to Kyoto?

— Four ＿＿＿＿.

3 各組の文がほぼ同じ内容を表すように，＿＿に適する語を書きなさい。　4点×2(8点)

(1) Jane got sick yesterday, and she is still sick.
Jane ＿＿＿＿ ＿＿＿＿ sick since yesterday.

(2) My mother lost her key and she doesn't have it now.
My mother ＿＿＿＿ ＿＿＿＿ her key.

⑥ (1) 継続している期間を表す部分を探そう。
⑦ (2) has been に続く動作を表す語を聞き取ろう。

4 日本文に合うように，〔 〕内の語(句)を並べかえなさい。 5点×3(15点)

(1) 私は一度もその映画を見たことがありません。
〔 never / the movie / I've / seen 〕.

____

(2) 昨日からずっと雪が降っています。
It 〔 snowing / been / yesterday / has / since 〕.
It ______________________________.

(3) あなたはもう昼食を終えましたか。
〔 yet / have / finished / you / lunch 〕?

____

5 Write マイク(Mike)が答えたアンケート用紙を見て，マイクになったつもりで久美(Kumi)の問いに答えなさい。 (5点)

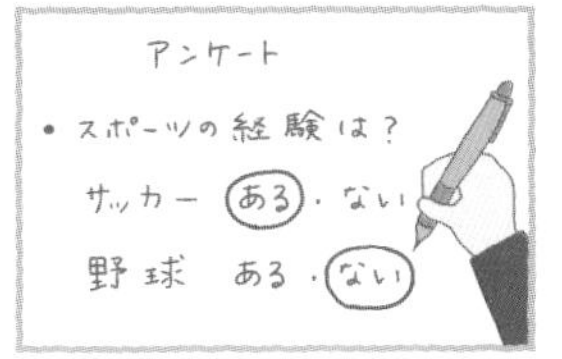

Kumi: Have you ever played baseball?
Mike: ______________________________

6 Read 亜矢(Aya)が，自分の部活動について話しています。内容に合うように( )に適する日本語や数字を書きなさい。 6点×3(18点)

I'm a member of the tennis team in my junior high school. I've played tennis for about three years. I will have my final game as a junior high school student next month. I've been practicing hard for it. I like tennis very much. I will play tennis in high school, too.

(1) 亜矢は約(　　)年間，テニスをしています。
(2) 亜矢は来月，中学最後の試合があり，それに向けて一生懸命に(　　　　)います。
(3) 亜矢は(　　　)でもテニスをするつもりです。

♪L03 **7** Listen 音声を聞いて，内容に合うように( )に適する日本語を書きなさい。 6点×2(12点)

(1) リサはちょうど(　　　　)したところです。
(2) 雄太は1時間ずっと(　　　　)。

4日目 助動詞

それぞれの助動詞の意味を理解して，使い分けられるようになろう！

解答＞ p.8～9

攻略のカギ を読み，空所に英語を書こう。  完成した英文を音読しよう。

攻略のカギ❶ 助動詞

助動詞は〈助動詞＋動詞の原形〉の形で，動詞にいろいろな意味を加える働きをする。

(語順) 主語 助動詞 動詞の原形 ～.

助動詞のあとに続く動詞は，必ず原形になるから注意が必要だね！

must と have to はどちらも「～しなければならない」という意味があるよ。

助動詞の種類

助動詞	働き	意味
can	可能	～することができる
	許可	～してもよい
must	義務	～しなければならない
	強い推量	～にちがいない
may	許可	～してもよい
	推量	～かもしれない
should	義務	～すべきである

注意 have[has] to ～：must(義務)とほぼ同じ意味を表す。

♪A12 (1) She ＿＿＿＿ ＿＿＿＿ basketball well.

彼女はじょうずにバスケットボールをすることができます。

(2) I ＿＿＿＿ ＿＿＿＿ my room.

私は自分の部屋をそうじしなければなりません。

(3) You ＿＿＿＿ ＿＿＿＿ on the bed.

あなたはベッドの上で眠ってもよいです。

(4) He ＿＿＿＿ ＿＿＿＿ his mother.

彼はお母さんを手伝うべきです。

(5) Yuki ＿＿＿＿ ＿＿＿＿ wash the dishes.

由紀は皿を洗わなければなりません。

(2)(5)「～しなければならない」には2通りの表現があるね。

(3)「～してもよい」と許可を表す助動詞は何かな？

(5) 主語が Yuki で3人称単数だよ！ 注意しよう。

攻略のカギ❷ 助動詞の否定文・疑問文

▶否定文 (語順) 主語 助動詞 not 動詞の原形 ～.

▶疑問文 (語順) 助動詞 主語 動詞の原形 ～?

have to の否定文・疑問文は，1日目で習った一般動詞と同じ形だよ。

否定の意味の違いに注意！

助動詞	意味
must not	～してはいけない
don't[doesn't] have to	～しなくてよい

♪A13 (1) You ＿＿＿＿ ＿＿＿＿ read this book.

あなたはこの本を読んではいけません。

(1) must の否定は禁止の意味を表すんだね。

(2) ＿＿＿ I ＿＿＿ this book?

私はこの本を読まなければなりませんか。

— Yes, you ＿＿＿.

はい，読まなければなりません。

(3) ＿＿＿ Jun ＿＿＿ Chinese?

純は中国語を話すことができますか。

— No, he ＿＿＿.

いいえ，話すことができません。

(4) It ＿＿＿ ＿＿＿ be sunny tomorrow.

明日は晴れではないかもしれません。

(5) ＿＿＿ Ken ＿＿＿ to make dinner?

健は夕食を作らなければなりませんか。

— Yes, he ＿＿＿.

はい，作らなければなりません。

(6) ＿＿＿ she ＿＿＿ tennis today?

彼女は今日テニスを練習しなければなりませんか。

— No, she ＿＿＿ ＿＿＿ to.

いいえ，しなくてよいです。

(2) 助動詞の疑問文に対して
○の場合は
Yes, 主語 助動詞.
×の場合は
No, 主語 助動詞 not.
で答えるよ。

助動詞＋ not の短縮形

cannot = can't
must not = mustn't
should not = shouldn't

(5) have[has] to の疑問文は，
Do[Does] 主語 have to ～?
となるよ。答え方は，
○の場合は
Yes, 主語 do[does].
×の場合は
No, 主語 don't[doesn't]
have to. となるよ。

(6) must の疑問文に対して
No で答えるときは
No, 主語 don't[doesn't]
have to. となるよ。

攻略のカギ❸ 助動詞を使った会話表現

▶会話表現
Can[Will] you ～?	～してくれませんか。(依頼)
May[Can] I ～?	～してもよいですか。(許可)
Shall I ～?	(私が)～しましょうか。(申し出)
Shall we ～?	(いっしょに)～しませんか。(勧誘・提案)
Could[Would] you ～?	～してくださいませんか。(ていねいな依頼)

助動詞の疑問文だから，動詞は原形を使うんだね。

♪A14 (1) ＿＿＿ ＿＿＿ carry my bag?

私のかばんを運んでくれませんか。

(2) ＿＿＿ ＿＿＿ come in the room?

その部屋に入ってもよいですか。

(3) ＿＿＿ ＿＿＿ play a video game?

テレビゲームをしませんか。

(4) ＿＿＿ ＿＿＿ call a taxi?

タクシーを呼んでくださいませんか。

(1)「～してくれませんか」の言い方は2通りあるよ！

(3) Shall we ～? は Let's ～. のように，誘うときに使う表現なんだね。

(4)「～してくださいませんか」とていねいに依頼するときは，can[will]ではなく，could[would]を使うよ。

ここで学んだ内容を次で確かめよう！

問題を解こう

1 日本文に合うように，____に適する語を書きなさい。　3点×7（21点）

(1) あなたは親切であるべきです。

You ________ ________ kind.

(2) 私たちは昼食の前に手を洗わなければなりません。

We ________ wash our hands before lunch.

(3) 彼はあとで来るかもしれません。

He ________ ________ later.

(4) あなたのサッカーチームに入りましょうか。

________ ________ join your soccer team?

(5) 私の自転車を使ってもよいですよ。

You ________ ________ my bike.

(6) 私は今お風呂に入らなければなりませんか。 ―― いいえ，入らなくてよいです。

________ I ________ to take a bath now?

— No, you ________ ________ to.

(7) 駅までの道を教えてくださいませんか。

________ ________ tell me the way to the station?

2 次の対話が成り立つように，____に適する語を書きなさい。　3点×3（9点）

(1) *A:* Does Mike ________ to help his mother?

B: No, he ________ have to.

(2) *A:* Can she play the guitar well?

B: No, she ________.

(3) *A:* Must I write a letter?

B: No, you don't ________ ________.

3 各組の文がほぼ同じ内容を表すように，____に適する語を書きなさい。　4点×3（12点）

(1) Please open the window.
________ ________ open the window?

(2) Kumi must get up early tomorrow.
Kumi ________ ________ get up early tomorrow.

(3) Let's listen to music.
________ ________ listen to music?

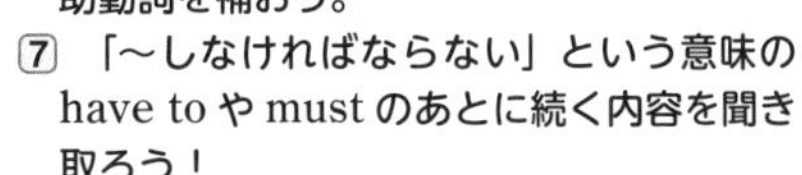

④ (1)「～にちがいない」という意味を表す助動詞を補おう。
⑦ 「～しなければならない」という意味のhave to や must のあとに続く内容を聞き取ろう！

4 日本文に合うように，〔　〕内の語(句)を並べかえなさい。ただし，それぞれ不足する１語を補うこと。 4点×4 (16点)

(1) 彼は歌手にちがいない。 〔 a singer / he / be 〕.

(2) あなたは宿題をしなくてよいです。 〔 don’t / your homework / to / you / do 〕.

(3) 亜矢はすぐにそこへ行くべきです。 〔 soon / go / Aya / there 〕.

(4) 明日は雨かもしれません。 〔 be / rainy / it / tomorrow 〕.

5 Write 次の絵を見て，それぞれが意味する内容を，must を使って書きなさい。 6点×2 (12点)

(1)

(2)

6 Read 理恵(Rie)とサム(Sam)が話しています。対話の内容と合うものには○を，異なるものには×を書きなさい。 6点×3 (18点)

Rie: What are you doing now, Sam?
Sam: I’m doing my science homework now. I can’t read kanji, so it’s very difficult.
Rie: Shall I help you?
Sam: Oh, thank you.

(1) サムは今，家事をしている。 (　　)
(2) サムは漢字を読むことができない。 (　　)
(3) 理恵はサムに宿題を手伝ってほしいとお願いした。 (　　)

♪L04 **7** Listen 音声を聞いて，内容に合うように(　)に適する日本語を書きなさい。 6点×2 (12点)

(1) リサは今日，(　　　　　)を作らなければならない。
(2) リサは放課後，スーパーマーケットで(　　　　　)なければならない。

4日目 はここまで！

5日目 不定詞・動名詞

不定詞・動名詞のいろいろな意味を学ぶよ。

解答 > p.10～11

要点 を確認しよう　攻略のカギ を読み，空所に英語を書こう。  完成した英文を音読しよう。

攻略のカギ❶ 不定詞の３用法

不定詞は〈to ＋動詞の原形〉で表し，３つの用法がある。

形 to 動詞の原形 ～

▶名詞的用法　意味 ～すること

▶副詞的用法　意味 ～するために（目的），～して（感情の原因・理由）

▶形容詞的用法　意味 ～する(ための)，～するべき

主語や時制が何であっても to の後ろは 動詞の原形 なんだね。

(1) Ken wants ______ ______ to the library.
健は図書館に行きたいです。

(2) I went to the park ______ ______ soccer.
私はサッカーをするために公園に行きました。

(3) Do you have anything ______ ______ ?
あなたは何か食べ物をもっていますか。

(4) I was happy ______ ______ the news.
私はその知らせを聞いてうれしかったです。

名詞的用法でよく使う動詞

- like to ～「～するのが好きだ」
- want to ～「～したい」
- hope to ～「～することを望む」
- try to ～「～しようとする」
- need to ～「～する必要がある」

(4)「～して」という意味の副詞的用法の不定詞は，感情を表す形容詞のあとに置くよ。

攻略のカギ❷ 動名詞

動詞の ing 形は「～すること」の意味を表すことができる。

形 動詞の ing 形　意味 ～すること

進行形の ing 形の作り方を思い出そう！

A16 (1) I like ______ to music.
私は音楽を聞くことが好きです。

(2) ______ pictures is my hobby.
写真を撮ることが私の趣味です。

(3) Emma enjoys ______ tennis.
エマはテニスをして楽しみます。

(4) I hope to ______ him.
私は彼に会うことを望んでいます。

(5) The baby started ______ .
その赤ちゃんは泣き始めました。

動名詞と不定詞の使い分け

目的語に動名詞をとるか不定詞をとるかは動詞で決まる。

不定詞のみをとる
want to ～（～したい），decide to ～（～することを決める），hope to ～（～することを望む）など
動名詞のみをとる
enjoy ～ing（～して楽しむ），stop ～ing（～することをやめる），finish ～ing（～し終える）など
不定詞も動名詞もとる
like to ～ / ～ing（～するのが好きだ），begin[start] to ～ / ～ing（～し始める）など

攻略のカギ❸ It is ～ (for＋人) to ....

It is ～ to .... で「…することは～です」という意味を表す。to ... の動作がだれによるものなのかを表したいときは，〈for＋人〉を to ... の前に置く。

語順 It is ～ (for＋人) to ....
（It：形式上の主語　to ....：It の具体的な内容）

意味 …することは(―にとって)～です。

この It は形式上の主語で，to ... の内容を指しているよ。「それは」と訳さないので注意しよう。

A17 (1) ＿＿＿＿ is important ＿＿＿＿ help each other.
お互いに助け合うことは大切です。

(2) It's easy ＿＿＿＿ ＿＿＿＿ to speak English.
私にとって英語を話すことは簡単です。

(3) ＿＿＿＿ ＿＿＿＿ fun for Akira to watch the movie.　明にとってその映画を見ることは楽しかったです。

(2)「～にとって」と言うときには，〈for＋人〉を to ... の前に置くんだよね。

攻略のカギ❹ 不定詞のいろいろな用法

▶疑問詞＋不定詞　how to ～：～のしかた，～する方法
what[which] to ～：何[どちら]を～したらよいか
when to ～：いつ～したらよいか　where to ～：どこで～したらよいか

▶動詞＋人＋to ～　tell 人 to ～：(人)に～するように言う　ask 人 to ～：(人)に～するように頼む
want 人 to ～：(人)に～してもらいたい　help 人 (to) ～：(人)が～するのを手伝う

▶そのほか　too ... to ～：あまりに…なので～できない　... enough to ～：～するのに十分…

A18 (1) I know ＿＿＿＿ ＿＿＿＿ use the computer.
私はそのコンピューターの使い方を知っています。

(2) She asked ＿＿＿＿ ＿＿＿＿ buy a ticket.
彼女はどこでチケットを買えばよいかたずねました。

(3) Jun ＿＿＿＿ me ＿＿＿＿ wait for Lisa.
純は私にリサを待つように言いました。

(4) Rie ＿＿＿＿ me ＿＿＿＿ my homework.
理恵は私が宿題をするのを手伝いました。

(5) This coffee is ＿＿＿＿ hot ＿＿＿＿ ＿＿＿＿ drink.
このコーヒーはあまりに熱すぎて飲むことができません。

(6) He is rich ＿＿＿＿ ＿＿＿＿ buy a car.
彼は車を買うのに十分裕福です。

(1)(2)〈疑問詞＋不定詞〉の文でも，to のあとにくる動詞は必ず原形だね。

(3)〈動詞＋人＋to ～〉の文で〈人〉の部分に代名詞を入れるときは，me や her のような目的格にすることに注意しよう。

(4)〈動詞＋人＋to ～〉で help を使うときは，to が省略されることもあるよ！

(5) too には，「～もまた」という意味のほかに「あまりに～すぎる」という意味もあるよ。

ここで学んだ内容を次で確かめよう！

問題を解こう

/100点

1 次の文の(　)内から適する語(句)を選び，記号を○で囲みなさい。　2点×4(8点)

(1) I enjoyed (ア talk　イ to talk　ウ talking) with my friends.

(2) My brother wants (ア be　イ to be　ウ is) a teacher.

(3) She decided (ア leave　イ to leave　ウ leaving) home.

(4) Ken will finish (ア use　イ to use　ウ using) the computer soon.

2 日本文に合うように，____に適する語を書きなさい。　3点×10(30点)

(1) あなたは何か飲み物をもっていますか。
Do you have anything ____ ____?

(2) 子どもたちには外で遊ぶことが必要です。
____ is necessary ____ children to play outside.

(3) 私は雄太にこの本を読んでほしいです。
I ____ Yuta ____ read this book.

(4) その女の子は川で泳ぐのをやめました。
The girl ____ ____ in the river.

(5) 久美は花を買うためにその店に行くつもりです。
Kumi will go to the shop ____ ____ some flowers.

(6) この公園はサッカーをするのに十分大きいです。
This park is large ____ ____ play soccer.

(7) 私は彼らのために何をすればよいのかわかりません。
I don't know ____ ____ do for them.

(8) その質問はあまりに難しすぎて答えることができませんでした。
The question was ____ difficult ____ answer.

(9) お母さんは私に早く起きるように言いました。
My mother ____ me ____ get up early.

(10) 英語を話すことは楽しいです。
____ English ____ fun.

3 次の英文を日本語になおしなさい。　4点×4(16点)

(1) Takuya helped his father cook lunch.　卓也は(　　　　)。

(2) Amy tried to make a desk.　エイミーは(　　　　)。

(3) The dog started sleeping.　そのイヌは(　　　　)。

(4) It's easy for me to swim in the sea.　(　　　　)。

⑤〈動詞＋人＋(to)～〉の形を使おう。to のあとには動詞の原形を続けるよ。
⑦ 感情の原因・理由を表す不定詞が使われている文を聞き取ろう。

4 日本文に合うように，〔 〕内の語(句)を並べかえなさい。 6点×2(12点)

(1) たくさんの本を読むことは彼女にとっておもしろいです。

〔 read / interesting / her / to / is / for / it 〕many books.

______________________________ many books.

(2) 水があまりに冷たいので手を洗えません。

The water is〔 too / wash / to / my hands / cold 〕.

The water is ______________________________.

5 Write 次の表を見て，明(Akira)とジェーン(Jane)の明日の予定を表す英文を，( )内の語を使って書きなさい。 7点×2(14点)

Akira	お母さんが台所をそうじするのを手伝う (help)
Jane	ポール(Paul)に写真を撮るよう頼む (ask)

・______________________________

・______________________________

6 Read 由香(Yuka)とビル(Bill)が，あるスポーツについて話しています。対話の内容と合うものを下から２つ選び，記号で答えなさい。 7点×2(14点)

Yuka: Do you know how to play cricket, Bill?
Bill: Yes. It's very popular in the U.K. It's similar to baseball.
Yuka: Sounds exciting! I want you to teach me the rules.
Bill: OK, let's play together!

ア ビルはクリケットのやり方を知っている。
イ クリケットはアメリカで人気のスポーツである。
ウ クリケットは野球と似ている。
エ 由香はビルにクリケットのルールを教えるつもりだ。 (　　)(　　)

♪L05 **7** Listen 音声を聞いて，明(Akira)がうれしくなった理由をア～ウから１つ選び，記号で答えなさい。 (6点)

ア 好きな歌手のコンサートが来月開催されるから。
イ コンサートでお気に入りの曲を聞いたから。
ウ 好きな歌手のサインをもらったから。 (　　)

6日目 命令文・文構造

「～しなさい」という命令を表す文と，いろいろな文の型を学ぶよ。

解答 > p.12～13

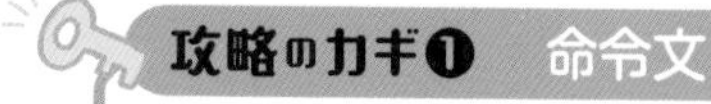

攻略のカギ を読み，空所に英語を書こう。  完成した英文を音読しよう。

攻略のカギ❶ 命令文

主語を省略して動詞の原形で文を始めると，「～しなさい」という命令する意味の文になる。

▶命令文 語順 動詞の原形 ～.
意味 ～しなさい。

▶否定の命令文 語順 Don't 動詞の原形 ～.
意味 ～してはいけません。

「どうぞ～してください」とていねいに言うときには，文頭または文末に please を置く。

A19
(1) ＿＿＿＿ this book. この本を読みなさい。

(2) ＿＿＿＿ ＿＿＿＿ this book.
この本を読んではいけません。

(3) ＿＿＿＿ ＿＿＿＿ play soccer here.
ここでサッカーをしないでください。

(4) ＿＿＿＿ the question, ＿＿＿＿.
質問に答えてください。

(5) ＿＿＿＿ quiet, Aya. 亜矢，静かにしなさい。

(4)(5) please を文末に置くときや，名前を呼びかけるときには，前にコンマ(,)を入れるんだね。

(5) be 動詞の命令文だね。動詞の原形は何になるかな。

攻略のカギ❷ 第１～３文型

英語の文は，主語(S)，動詞(V)，目的語(O)，補語(C) を使って５つの文型に整理できる。

▶第１文型 語順 S＋V 例 He runs.
▶第２文型 語順 S＋V＋C 例 He looks tired.
▶第３文型 語順 S＋V＋O 例 He plays soccer.

第２文型の補語(C)は主語(S)とイコールの関係になるよ。例では，He（彼）＝ tired（疲れている）だね。

A20
(1) Bill ＿＿＿＿ every day.
ビルは毎日勉強します。

(2) Bill ＿＿＿＿ an English teacher.
ビルは英語の先生になりました。

(3) Bill ＿＿＿＿ English at high school.
ビルは高校で英語を教えています。

(4) Your plan ＿＿＿＿ interesting.
あなたの計画はおもしろそうに聞こえます。

(1)(3) every day や at high school は修飾語句というよ。

第２文型でよく使う動詞
- be 動詞「～である」
- look「～に見える」
- become「～になる」
- feel「～と感じる」
- keep「～のままである」
- sound「～に聞こえる」

攻略のカギ❸ 第4文型

第4文型は，2つの目的語を使って〈S＋V＋O_1＋O_2〉の形をとり，「(人)に(もの)を〜する」という意味を表す。

▶第4文型 語順 S＋V＋O_1＋O_2 例 He gave me a bag.

意味 (人)に(もの)を〜する

2つ続く目的語(O)は，〈(人)に＋(もの)を〉の順番になるんだね。

第4文型でよく使われる動詞：give（与える），show（見せる），tell（伝える），make（作る），teach（教える），send（送る），ask（たずねる）など

♪A21 (1) My sister ＿＿＿＿＿＿ ------------ this hat.
姉は私にこの帽子をくれました。

(2) I'll ＿＿＿＿＿＿ ＿＿＿＿＿＿ this picture.
私は彼らにこの写真を見せるつもりです。

(3) Paul ＿＿＿＿＿＿ ＿＿＿＿＿＿ the meaning of the word. ポールは彼女にその言葉の意味をたずねました。

(4) Yuki will ＿＿＿＿＿＿ some cookies ＿＿＿＿＿＿ him.
由紀は彼にクッキーを作るつもりです。

(5) Did you ＿＿＿＿＿＿ an e-mail ＿＿＿＿＿＿ Bill?
あなたはビルにEメールを送りましたか。

第4文型→第3文型の書きかえ

第4文型は前置詞の to や for を使って第3文型に書きかえることができる場合が多い。

I gave her a watch.
I gave a watch to her.

to を使う動詞の例：
give, show, tell, send, teach
for を使う動詞の例：
make, cook, buy, get

(4)(5) 第3文型に書きかえるときの前置詞の使い分けに注意しよう！

攻略のカギ❹ 第5文型

第5文型は〈S＋V＋O＋C〉の形をとり，「〜を…にする」という意味を表す。

▶第5文型 語順 S＋V＋O＋C 例 She calls me Ken.

意味 〜を…にする

目的語(O)と補語(C)がイコールの関係になるよ！

第5文型でよく使われる動詞：call（〜を…と呼ぶ），make（〜を…にする），keep（〜を…にしておく），find（〜が…とわかる），name（〜を…と名づける），leave（〜を…のままにする）など

♪A22 (1) My mother ＿＿＿＿＿＿ ------------ Mayu.
母は私のことをマユと呼びます。

(2) We ＿＿＿＿＿＿ the movie exciting.
私たちはその映画がわくわくすることがわかりました。

(3) Walking every morning ＿＿＿＿＿＿ ＿＿＿＿＿＿ healthy. 毎朝歩くことは私たちを健康に保ちます。

(4) You mustn't ＿＿＿＿＿＿ the door open.
あなたはそのドアを開いたままにしてはいけません。

(1) 目的語(O)の部分に代名詞が入るときは，目的格を使うよ。

(3)「私たちを」を表す目的格の代名詞は何かな。

(4)「〜を…のままにする」という意味を表す動詞を入れるんだね。

ここで学んだ内容を次で確かめよう！

問題を解こう

100点

1 日本文に合うように，＿＿に適する語を書きなさい。 3点×9（27点）

(1) この写真を見てください。 ＿＿＿＿ at this picture, ＿＿＿＿.

(2) 彼女は今日，とても疲れているように見えます。
She ＿＿＿＿ very tired today.

(3) ケビンは歩いて学校に行きます。
Kevin ＿＿＿＿ to school.

(4) 彼らはその映画が退屈だとわかるでしょう。
They will ＿＿＿＿ the movie boring.

(5) 生徒たちは私にいくつか質問をしました。
The students ＿＿＿＿ ＿＿＿＿ some questions.

(6) その机を動かさないで。
＿＿＿＿ ＿＿＿＿ the desk.

(7) 彼は子どもたちにその話を伝えました。
He ＿＿＿＿ the story ＿＿＿＿ his children.

(8) 由香，気をつけて。
＿＿＿＿ careful, Yuka.

(9) その試合は私たちをわくわくさせました。
The game ＿＿＿＿ ＿＿＿＿ excited.

2 各組の文がほぼ同じ内容を表すように，＿＿に適する語を書きなさい。 4点×6（24点）

(1) Paul gave her some oranges.
Paul ＿＿＿＿ some oranges ＿＿＿＿ her.

(2) You must not take pictures here.
＿＿＿＿ ＿＿＿＿ pictures here.

(3) I'll send Miki a present.
I'll ＿＿＿＿ a present ＿＿＿＿ Miki.

(4) Rie cooked me breakfast.
Rie ＿＿＿＿ breakfast ＿＿＿＿ me.

(5) Will you open the door?
＿＿＿＿ ＿＿＿＿ the door.

(6) I bought him a nice hat.
I ＿＿＿＿ a nice hat ＿＿＿＿ him.

③ (2) to があることに注意して，第３文型の語順にしよう。
④ ３人称単数の主語を使うときは，動詞の形に注意しよう。

3 日本文に合うように，〔　〕内の語(句)を並べかえなさい。ただし，それぞれ不足する１語を補うこと。 6点×2 (12点)

(1) サムはそのイヌをポチと名づけました。 〔 Pochi / the dog / Sam 〕.

____

(2) あなたにその写真を見せましょうか。 〔 to / I / the pictures / shall / you 〕?

____

4 Write メモを見て，卓也になったつもりで，自分について紹介する英文を書きなさい。 7点×2 (14点)

自己紹介カード
(1) 兄は自分をタクと呼ぶ
(2) エイミー(Amy)は自分に英語を教えてくれる

(1) ______________________________

(2) ______________________________

5 Read リサ(Lisa)が自分の祖父についてスピーチをしています。起こった出来事の順番になるように，**ア〜ウ**を正しく並べかえなさい。 (完答７点)

Last year, my grandfather showed me his treasure. It was a tennis racket. He wanted to be a professional tennis player when he was a junior high school student. It was not easy for him to practice every day, but he kept practicing. One day, he finally became a professional tennis player and won a tennis match. A famous tennis player gave him the racket then. It was his best memory. He said, "Don't give up, Lisa. If you do your best, your dream will come true."

ア リサの祖父は彼女に宝物を見せた。
イ 有名なテニス選手がリサの祖父にラケットをあげた。
ウ リサの祖父がテニスの試合で勝った。 (　　→　　→　　)

♪L06 **6** Listen 音声を聞いて，内容と合うものには○を，異なるものには×を書きなさい。 8点×2(16点)

(1) 久美は昨日，レストランでお姉さんの誕生日パーティーを開いた。 (　　)
(2) 久美はお姉さんのためにケーキを作った。 (　　)

6日目はここまで!

7日目 いろいろな疑問文・仮定法

音声

疑問詞と仮定法の使い方を学ぶよ。

解答 > p.14~15

要点 を確認しよう　攻略のカギ を読み，空所に英語を書こう。  完成した英文を音読しよう。

攻略のカギ❶ 疑問詞のある疑問文

疑問文はたずねる内容によって疑問詞を使い分ける。

▶be 動詞の文 (語順) 疑問詞 be 動詞 主語 ～?

▶一般動詞の文 (語順) 疑問詞 do[does, did] 主語 動詞の原形 ～?

疑問詞の種類

what	何，何の	when	いつ
who	だれ	where	どこに[で]
whose	だれの(もの)	why	なぜ
which	どちら(の)，どれ，どの	how	どのように
what[which]＋名詞	何の[どちらの / どの] ～		

A23 (1) ＿＿＿＿ is your name? あなたの名前は何ですか。

(2) ＿＿＿＿ ＿＿＿＿ you leave home?
あなたはいつ家を出発しましたか。

(3) ＿＿＿＿ ＿＿＿＿ do you like?
あなたは何色が好きですか。

(4) ＿＿＿＿ ＿＿＿＿ books do you have?
あなたは本を何冊もっていますか。

(5) ＿＿＿＿ that man? あの男性はだれですか。

■〈How＋形容詞[副詞]〉

How old ～?	年齢，古さ
How many ～?	数
How long ～?	長さ，時間
How often ～?	頻度
How far ～?	距離
How much ～?	量，値段

疑問詞＋be 動詞の短縮形

what is = what's　who is = who's
when is = when's　where is = where's
how is = how's

攻略のカギ❷ 間接疑問文

疑問詞で始まる疑問文が，別の文の一部となっているものを間接疑問文という。

▶be 動詞の文 (語順) 主語 動詞 (know / tell / ask など) ～ 疑問詞 主語 be 動詞 ～.

▶一般動詞の文 (語順) 主語 動詞 (know / tell / ask など) ～ 疑問詞 主語 一般動詞 ～.

疑問詞が主語になる場合もある。例 Do you know who lives here? だれがここに住んでいるか知っていますか。

A24 (1) I know ＿＿＿＿ the station ＿＿＿＿.
私は駅がどこにあるのか知っています。

(2) I asked ＿＿＿＿ ＿＿＿＿ wanted.
私は彼女が何がほしいかたずねました。

(3) Please tell me ＿＿＿＿ the game will ＿＿＿＿.
私にその試合がいつ始まるか教えてください。

(2) 文の前半の動詞が過去形のときは，疑問詞の後ろの動詞も過去形にするよ。

(3) 疑問詞以下の内容が tell の2つ目の目的語だね。

攻略のカギ❸ 仮定法

現実に反する仮定や，ありえないと思うことを表すときには，仮定法を使う。

▶be 動詞の文 語順 If 主語 were ～, 主語 would[could] 動詞の原形 ....

意味 もし～であれば，…だろうに[できるのに]。

▶一般動詞の文 語順 If 主語 動詞の過去形 ～, 主語 would[could] 動詞の原形 ....

意味 もし～なら，…だろうに[できるのに]。

be 動詞は主語が何であってもふつう were を使うよ。

A25 (1) If I ＿＿＿＿＿ a bird, I ＿＿＿＿＿ fly.

もし私が鳥であれば，飛ぶことができるのに。

(2) If I ＿＿＿＿＿ money, I ＿＿＿＿＿ buy this dress. もし私がお金をもっていれば，このドレスを買うだろうに。

(3) If I ＿＿＿＿＿ her phone number, I ＿＿＿＿＿ call her.

もし私が彼女の電話番号を知っていれば，彼女に電話するだろうに。

(4) If you ＿＿＿＿＿ one million yen, what ＿＿＿＿＿ you do?

もしあなたが100万円もっていれば，何をしますか。

(5) If it ＿＿＿＿＿ sunny today, I ＿＿＿＿＿ play tennis.

もし今日晴れていれば，私はテニスをするだろうに。

(6) If I ＿＿＿＿＿ busy, I ＿＿＿＿＿ go out with you.

もし私が忙しくなければ，あなたといっしょに外出するだろうに。

(1)(5)(6) 仮定法の文では，主語にかかわらず be 動詞の過去形はふつう were を使うので注意しよう！

(3) 実際には彼女の電話番号を知らないんだね。

(5) 天気を表すとき，主語は it を使うよ。be 動詞は過去形を使うので注意しよう！

(6)「～なければ」だから，仮定法の否定文にすればいいね。

攻略のカギ❹ I wish ＋仮定法

〈I wish ＋仮定法〉で実現できない願望を表す。

語順 I wish 主語 動詞の過去形 ～.

意味 ～であればいいのに。

主語のあとに助動詞を置く場合も過去形にするよ。

A26 (1) I ＿＿＿＿＿ my father ＿＿＿＿＿ a car.

私の父が車をもっていればいいのに。

(2) I ＿＿＿＿＿ I ＿＿＿＿＿ rich.

私が裕福であればいいのに。

(3) I ＿＿＿＿＿ I ＿＿＿＿＿ live in New York.

ニューヨークに住むことができればいいのに。

(1)～(3) 過去形を使うけど，現在のことを表すので注意しよう。

(3)「～することができればいいのに」だから，助動詞の過去形を使うよね。

ここで学んだ内容を次で確かめよう！

問題を解こう

100点

1 日本文に合うように，＿＿に適する語を書きなさい。 3点×7（21点）

(1) あなたはなぜ警察署へ行ったのですか。

＿＿＿＿ ＿＿＿＿ you go to the police station?

(2) あなたは彼女がどこの出身か知っていますか。

Do you know ＿＿＿＿ ＿＿＿＿ ＿＿＿＿ from?

(3) 私がネコであればいいのに。

I ＿＿＿＿ I ＿＿＿＿ a cat.

(4) あなたはふだん，どれくらい寝ますか。

＿＿＿＿ ＿＿＿＿ do you usually sleep?

(5) もし私がたくさんお金をもっていれば，世界中を旅するだろうに。

If I ＿＿＿＿ a lot of money, I ＿＿＿＿ travel all over the world.

(6) どちらの傘があなたのものですか。

＿＿＿＿ ＿＿＿＿ is yours?

(7) もし今日が休日なら，その映画を見ることができるのに。

If it ＿＿＿＿ a holiday today, I ＿＿＿＿ see the movie.

2 日本文に合うように，〔 〕内の語(句)を並べかえなさい。 6点×5（30点）

(1) 私は彼がだれなのか知りません。

I don't know 〔 is / who / he 〕.

I don't know ＿＿＿＿＿＿＿＿＿＿＿＿.

(2) もし私が病気でなければ，速く走ることができるのに。

〔 were / sick / if / I / not 〕, I could run fast.

＿＿＿＿＿＿＿＿＿＿＿＿, I could run fast.

(3) あなたは何の教科が好きですか。

〔 do / what / like / you / subject 〕?

＿＿＿＿＿＿＿＿＿＿＿＿

(4) あなたは亜矢がいつ来るか知っていますか。

〔 know / Aya / do / when / you / come / will 〕?

＿＿＿＿＿＿＿＿＿＿＿＿

(5) その歌手が日本にいればいいのに。

〔 were / in / I / the singer / Japan / wish 〕.

＿＿＿＿＿＿＿＿＿＿＿＿

③ 〈I wish ＋仮定法〉を使って願望を表す文を作ろう。
④ (2) What time ～? は時間をたずねる表現だよ。

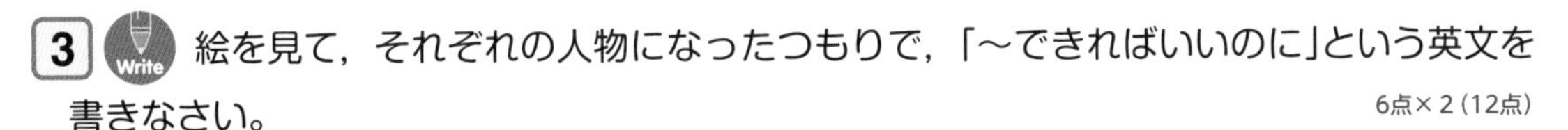

3 Write 絵を見て，それぞれの人物になったつもりで，「～できればいいのに」という英文を書きなさい。 6点×2（12点）

(1) ＿＿＿＿＿＿＿＿＿＿＿＿＿＿＿＿

(2) ＿＿＿＿＿＿＿＿＿＿＿＿＿＿＿＿

4 Read 早紀(Saki)とケビン(Kevin)の対話を読んで，あとの問いに答えなさい。 （16点）

Saki: Someone is playing the piano well. Do you know who is playing?
Kevin: Yes. Ken is playing it now. He is a good pianist.
Saki: Wow, I like his performance very much.
Kevin: I will go to his piano concert tomorrow. Will you go with me?
Saki: That sounds good. What time will the concert start?
Kevin: It'll start at six in the afternoon.
Saki: Great! Where will it be held?
Kevin: In Wakaba Hall. Do you know where it is?
Saki: Yes, I do. So shall we meet at the station at five?
Kevin: OK! I'll buy some flowers for him near the station.

(1) 対話の内容と合うものを下から２つ選び，記号で答えなさい。 完答8点

ア 早紀はケビンのピアノ演奏が気に入っている。
イ コンサートは，明日の午後６時に始まる。
ウ 早紀はわかばホールがある場所を知っている。
エ ケビンはわかばホールの近くで花を買うつもりだ。 （　　）（　　）

(2) 次の問いに英語で答えなさい。 8点

What time will Saki and Kevin meet at the station?

＿＿＿＿＿＿＿＿＿＿＿＿＿＿＿＿

♪L07 **5** Listen 音声を聞いて，エマと明の会話の内容に合うように，次の質問に日本語で答えなさい。
7点×3（21点）

(1) 明はいつから財布を探していますか。 （　　　　）から
(2) 明の財布は何色ですか。 （　　　　）色
(3) エマは財布をどこで見ましたか。 （　　　　）

7日目はここまで！

8日目 比較

ものや人を比べるときの表現や，さまざまな比較の表現を学ぶよ。

解答 > p.16～17

要点 を確認しよう　攻略のカギ を読み，空所に英語を書こう。  完成した英文を音読しよう。

攻略のカギ❶ 比較級と最上級の文①

「A は B よりも…」と2つ[2人]のもの[人]を比べるときには，比較級を使う。「～の中でいちばん…」と3つ[3人]以上のもの[人]を比べるときには，最上級を使う。

形容詞や副詞の語尾に -er をつけると比較級，-est をつけると最上級になる。

▶比較級の基本表現 形 比較級＋than ～　意味 ～よりも…

▶最上級の基本表現 形 the＋最上級＋in[of] ～　意味 ～の中でいちばん…

in＋場所や範囲を表す語句	of＋数・all・複数を表す語句
in Japan（日本で）	of the three（3つ[3人]の中で）
in my family（私の家族の中で）	of all（すべての中で）

比較級・最上級の作り方は注意が必要だよ！下のまとめを見て確認しよう。

♪A27 (1) My brother is ＿＿＿＿ ＿＿＿＿ Yuka.

私の兄は由香より若いです。

(2) Bill is ＿＿＿＿ ＿＿＿＿ in my class.

ビルは私のクラスの中でいちばん背が高いです。

(3) I can run ＿＿＿＿ ＿＿＿＿ him.

私は彼よりも速く走ることができます。

(4) This quiz is the ＿＿＿＿ ＿＿＿＿ the three.

このクイズは3つの中でいちばん簡単です。

比較級，最上級の作り方

基本
-er, -est をつける (old - older - oldest)
e で終わる語
比較級は -r，最上級は -st をつける (large - larger - largest)
〈子音字＋y〉で終わる語
y を i にかえて -er, -est をつける (busy - busier - busiest)
〈短母音＋子音字〉で終わる語
語尾を重ねて -er，-est をつける (hot - hotter - hottest)
不規則変化
good / well - better - best many / much - more - most

攻略のカギ❷ 比較級と最上級の文②

つづりの長い形容詞・副詞は，前に more を置いて比較級，most を置いて最上級にする。

	比較級	最上級
beautiful（美しい）	more beautiful	most beautiful
interesting（おもしろい）	more interesting	most interesting
slowly（ゆっくりと）	more slowly	most slowly

副詞の最上級の前の the は，省略されることもあるよ。

♪A28 (1) This movie is ＿＿＿＿ ＿＿＿＿ than that one.　この映画はあの映画よりもわくわくします。

(2) The picture is the ＿＿＿＿ ＿＿＿＿ in Japan.　その絵は日本でいちばん有名です。

more，most を使う語

- difficult（難しい）
- popular（人気のある）
- exciting（わくわくする）
- quickly（すばやく）
- carefully（注意深く）など

攻略のカギ❸ as ～ as ...

2つ[2人]のもの[人]を比べて「…と同じくらい～」と言うときには，〈as＋形容詞・副詞の原級(もとの形)＋as ...〉の形にする。

▶肯定文 語順 主語 動詞 as 原級 as ....

意味 …と同じくらい～です。

否定文は「…ほど～ではありません」という意味になるよ。

♪A29 (1) Your dog is ＿＿＿＿ big ＿＿＿＿ mine.

あなたのイヌは私のイヌと同じくらい大きいです。

(2) Your dog is ＿＿＿＿ ＿＿＿＿ big as mine.

あなたのイヌは私のイヌほど大きくありません。

(3) I ＿＿＿＿ play the guitar ＿＿＿＿ well as Jun.

私は純ほどじょうずにギターをひくことができません。

(2) be動詞の否定文なので，notの位置はどこになるかな？

(3)「～することができる」という意味の助動詞にnotをつけるんだね。

攻略のカギ❹ いろいろな比較の文

「～のほうが好きです」や「～がいちばん好きです」と言うときには，like ～ better[the best]を使って表す。bestの前のtheは省略されることもある。

▶比較級 語順 主語 like 名詞 better than .... 意味 …よりも～のほうが好きです。

▶最上級 語順 主語 like 名詞 (the) best. 意味 ～がいちばん好きです。

▶疑問文 語順 Which do[does] 主語 like better, ～ or ...?

意味 ～と…ではどちらのほうが好きですか。

語順 Which[What] ～ do[does] 主語 like (the) best?

意味 どの～がいちばん好きですか。

▶そのほかの表現

〈比較級＋than any other＋単数名詞〉：ほかのどの～よりも…

〈one of the＋最上級＋複数名詞〉：最も～な…のうちの1つ[1人]

左の2つの表現は，それぞれ名詞を単数にするか複数にするかに気をつけよう。

♪A30 (1) I like science ＿＿＿＿ ＿＿＿＿ math.

私は数学よりも理科のほうが好きです。

(2) Amy likes cats ＿＿＿＿ ＿＿＿＿ of all animals.

エイミーはすべての動物の中でネコがいちばん好きです。

(3) ＿＿＿＿ do you like ＿＿＿＿, judo or sumo?

柔道とすもうではどちらのほうが好きですか。

— I like judo ＿＿＿＿. 柔道のほうが好きです。

(4) ＿＿＿＿ animal does she like the ＿＿＿＿?

彼女はどの動物がいちばん好きですか。

(1) より好きなものを先に言うんだね。

(3)(4) 限られた範囲の中から選ぶ質問のときはwhich，範囲が決められていないものの中から選ぶ質問のときはwhatを使ってたずねるよ。

問題を解こう

100点

1 日本文に合うように，＿＿に適する語を書きなさい。 3点×5（15点）

(1) 昨日は今日よりも暑かったです。
Yesterday was ＿＿＿＿ ＿＿＿＿ today.

(2) この本はすべての中でいちばん難しいです。
This book is the ＿＿＿＿ difficult ＿＿＿＿ all.

(3) 私は夏よりも秋のほうが好きです。
I like fall ＿＿＿＿ ＿＿＿＿ summer.

(4) エマは明よりもゆっくり走りました。
Emma ran ＿＿＿＿ ＿＿＿＿ than Akira.

(5) 彼のかばんは私のものと同じくらい新しいです。
His bag is ＿＿＿＿ new ＿＿＿＿ mine.

2 各組の文がほぼ同じ内容を表すように，＿＿に適する語を書きなさい。 4点×3（12点）

(1) Kumi can swim faster than Yuta.
Yuta can't swim ＿＿＿＿ ＿＿＿＿ as Kumi.

(2) Mt. Fuji is the highest mountain in Japan.
Mt. Fuji is higher than any ＿＿＿＿ ＿＿＿＿ in Japan.

(3) This movie isn't as famous as that one.
That movie is ＿＿＿＿ famous ＿＿＿＿ this one.

3 日本文に合うように，〔 〕内の語(句)を並べかえなさい。 4点×4（16点）

(1) このかばんは3つの中でいちばん大きいです。
This bag 〔 biggest / the three / the / is / of 〕.
This bag ＿＿＿＿＿＿＿＿＿＿＿＿.

(2) 理恵は私のクラスの中で，ほかのどの女子よりも背が高いです。
Rie is 〔 girl / any / than / in my class / other / taller 〕.
Rie is ＿＿＿＿＿＿＿＿＿＿＿＿.

(3) 彼は日本で最も人気のある歌手の１人です。
He is 〔 singers / the / in Japan / popular / one / most / of 〕.
He is ＿＿＿＿＿＿＿＿＿＿＿＿.

(4) あなたは何色がいちばん好きですか。
What 〔 the / do / like / you / color / best 〕?
What ＿＿＿＿＿＿＿＿＿＿＿＿?

④ どちらが好きか聞くときは which, 不特定のものの中から何が好きか聞くときは what を使うよ。
⑤ 5行目の not as ～ as ... は「…ほど～ではない」という意味だね。

4 Write メモを見て，留学生のサム(Sam)に質問する英文を書きなさい。 7点×2(14点)

サムに質問したいこと
(1) サッカーと野球では，どちらのほうが好きか
(2) 何の食べ物がいちばん好きか

(1) ______________________

(2) ______________________

5 Read 亜矢(Aya)がクラスで行ったアンケート調査の結果について，英語でスピーチをしています。次の英文を読んで，あとの問いに答えなさい。 (29点)

I asked my classmates, "What school event do you like the best?" Today, I'll show you the results of my research. In my class, the school trip is more popular than any other event. About half of the students like the school trip the best. The sports festival is as popular as the school festival. I was sad to learn that the chorus contest isn't as popular as the school festival. I'm a member of the chorus club and I like the chorus contest the best.

(1) スピーチの内容と合うものには○を，異なるものには×を書きなさい。 5点×3(15点)

ア およそ半分の生徒が，修学旅行がいちばん好きだと答えた。 (　　)
イ 亜矢のクラスでは，体育祭は文化祭ほど人気がない。 (　　)
ウ 亜矢のクラスでは合唱コンクールがいちばん人気である。 (　　)

(2) 次の英文が本文の内容と合うように，①，②に適する語句を下から選んで書きなさい。 7点×2(14点)

In Aya's class, the ① ______________ is the most popular. Aya likes the ② ______________ better than any other school event.

[school trip　sports festival　school festival　chorus contest]

 **6** Listen 音声を聞いて，内容に合う絵をア～ウから選び，○をつけなさい。 7点×2(14点)

(1)

(2)

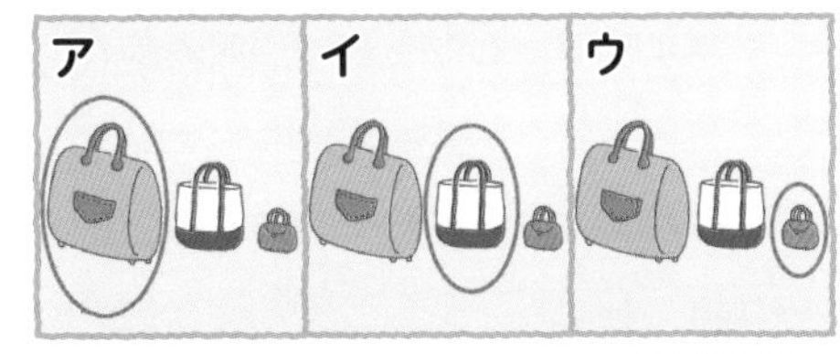

9日目 受け身

「～される」「～された」という意味を表す受け身の文を学ぶよ。

解答 > p.18～19

要点を確認しよう　攻略のカギ  を読み，空所に英語を書こう。  完成した英文を音読しよう。

攻略のカギ❶ 受け身の文

〈be 動詞＋過去分詞〉で「…される」という意味を表す。「だれによって」されるのかを表すときには by ～をつける。

規則動詞の過去分詞は語尾に -ed, -d をつけた形で，不規則動詞は動詞によって不規則に変化する。

▶現在の受け身の文　語順　主語　be 動詞(am / are / is)　過去分詞 ～.
意味　～が…されます。

▶過去の受け身の文　語順　主語　be 動詞(was / were)　過去分詞 ～.
意味　～が…されました。

▶助動詞の受け身の文　語順　主語　助動詞　be　過去分詞 ～.

♪A31 (1) Dinner ______ ______ by Amy.
夕食はエイミーによって作られます。

(2) Dinner ______ ______ by Amy.
夕食はエイミーによって作られました。

(3) Dinner ______ ______ cooked by Amy.
夕食はエイミーによって作られるでしょう。

(4) English ______ ______ in Australia.
オーストラリアでは英語が話されています。

(5) The book ______ ______ returned today.
その本は今日，返されなければなりません。

(6) A nice view ______ be ______ from here.
ここからすてきな眺めを見ることができます。

(3) 助動詞のあとの be 動詞は必ず原形の be になるから注意しようね。

(4)「だれによって」されるのかを表す必要がないときは，〈by ～〉は使わないよ。

不規則動詞の過去分詞

be → been　　see → seen
speak → spoken
➡ p.48 不規則動詞の変化表参照

攻略のカギ❷ 受け身の否定文・疑問文

▶否定文　語順　主語　be 動詞　not　過去分詞 ～.
▶疑問文　語順　Be 動詞　主語　過去分詞 ～?

否定文も疑問文も，be 動詞の文のルールと同じだね。

♪A32 (1) This letter ______ ______ written by Ken.
この手紙は健によって書かれたのではありません。

(2) ______ this letter ______ by Ken?
この手紙は健によって書かれたのですか。
— No, it ______. いいえ，ちがいます。

(2) 疑問文に対しては Yes, 主語 be 動詞. / No, 主語 be 動詞 not. で答えるよ。

(3) Their bags ＿＿＿＿ ＿＿＿＿ to the room.

彼らのかばんは部屋に運ばれませんでした。

(4) ＿＿＿＿ he ＿＿＿＿ Nao by his family?

彼は家族からナオと呼ばれていますか。

— Yes, he ＿＿＿＿.

はい，呼ばれています。

(5) These novels ＿＿＿＿ ＿＿＿＿ in Japan.

これらの小説は日本では読まれていません。

(6) ＿＿＿＿ ＿＿＿＿ the concert held last night?

そのコンサートは昨夜どこで開かれましたか。

(4) 6日目で学習した第5文型の〈call＋O＋C〉「OをCと呼ぶ」を受け身の文にするんだね。

(5) readの過去形，過去分詞はreadで，原形と同じつづりだけど，発音は[réd]となるので注意しよう。

(6) 受け身の疑問文で疑問詞を使うときは，文の最初に疑問詞を置き，そのあとに〈be動詞＋主語＋過去分詞～?〉を続けるよ。

攻略のカギ❸ by以外を使う受け身の表現

いろいろな前置詞を使う受け身の表現

- be interested in ～：～に興味がある
- be surprised at ～：～に驚く
- be made of ～：～でできている（材料）
- be made from ～：～から作られる（原料）
- be covered with ～：～におおわれている
- be known to ～：～に知られている
- be filled with ～：～でいっぱいである

「～に興味がある」「～に驚く」など，「～される」と訳さない表現も多いんだね。

♪A33 (1) I'm ＿＿＿＿ ＿＿＿＿ Japanese history.

私は日本の歴史に興味があります。

(2) Was the ground ＿＿＿＿ ＿＿＿＿ snow?

地面は雪でおおわれていましたか。

(3) This dancer is ＿＿＿＿ ＿＿＿＿ many young people.

このダンサーは多くの若者に知られています。

(4) He was ＿＿＿＿ ＿＿＿＿ the news.

彼はその知らせに驚きました。

(5) The chair is ＿＿＿＿ ＿＿＿＿ wood.

そのいすは木でできています。

(6) Paper is ＿＿＿＿ ＿＿＿＿ wood.

紙は木から作られています。

(1) interestedは「興味をもっている」という意味の形容詞だよ。

(3)「～に知られている」という意味の文にするときに使う前置詞に注意しようね。

(4) surprisedは「驚いた，びっくりした」という意味の形容詞だよ。

(5)(6) 材料が見てわかるときはof，もとの状態が変わっていて，見てもわからないときはfromを使うよ。

ここで学んだ内容を次で確かめよう！

問題を解こう

100点

1 次の文の＿＿に（　）内の語を適する形にかえて書きなさい。　3点×5（15点）

(1) The classroom is ＿＿＿＿ by the students every day. (clean)

(2) My house was ＿＿＿＿ three years ago. (build)

(3) A lot of people were ＿＿＿＿ to the party. (invite)

(4) Science is not ＿＿＿＿ in this college. (study)

(5) Was Bill's bag ＿＿＿＿ in the library? (find)

2 日本文に合うように，＿＿に適する語を書きなさい。　4点×7（28点）

(1) 湖は氷でおおわれています。

The lake is ＿＿＿＿ ＿＿＿＿ ice.

(2) 彼女の小説は日本で売られていません。

Her novels ＿＿＿＿ ＿＿＿＿ in Japan.

(3) この窓はいつ，ビルに割られたのですか。

＿＿＿＿ was this window broken ＿＿＿＿ Bill?

(4) その箱は野菜でいっぱいです。

The box ＿＿＿＿ ＿＿＿＿ with vegetables.

(5) 私の家から富士山を見ることができます。

Mt. Fuji ＿＿＿＿ ＿＿＿＿ seen from my house.

(6) この映画は多くの人々に知られています。

This movie is ＿＿＿＿ ＿＿＿＿ many people.

(7) このツルは紙でできているのですか。

＿＿＿＿ this crane made ＿＿＿＿ paper?

3 次の文を（　）内の指示にしたがって書きかえなさい。　5点×4（20点）

(1) My mother chose this dress.　（受け身の文に）

＿＿＿＿＿＿＿＿＿＿＿＿＿＿＿＿

(2) These books were written by a famous writer.　（下線部を主語にした文に）

＿＿＿＿＿＿＿＿＿＿＿＿＿＿＿＿

(3) This picture was taken by my brother.　（否定文に）

＿＿＿＿＿＿＿＿＿＿＿＿＿＿＿＿

(4) French is spoken in your country.　（下線部をたずねる疑問文に）

＿＿＿＿＿＿＿＿＿＿＿＿＿＿＿＿

④ 「～に興味がある」は by 以外の前置詞を使って表すんだったね。
⑥ 「～で作られた」の made in ～を聞き逃さないように注意しよう。

4 Write 次の表は，４人が何に興味があるかを表しています。２人選び，「…は～に興味があります」という英文を書きなさい。 6点×２(12点)

Mike	野球
Aya	芸術
Akira	科学
Jane	音楽

・

・

5 Read ジェーン(Jane)と卓也(Takuya)が歌舞伎(かぶき)について話しています。次の対話を読んで，あとの問いに答えなさい。 (19点)

Jane: Takuya, do you know *kabuki*?
Takuya: Yes, I do. It's one of the most famous traditional performing arts in Japan.
Jane: I'm reading a book about Japanese culture. ①It's about *kabuki*. I'm interested in it.
Takuya: Nice. It has a long history, and even now it is loved by people all over the world.
Jane: Have you ever watched *kabuki*?
Takuya: Yes. I have watched it once. I was surprised (②) the big stage. I didn't know that all roles are played by men in *kabuki*. It was very interesting.
Jane: Wow, I didn't know that either. Please tell me more.
Takuya: Sure.

(1) 下線部①が指すものを５語の英語で本文から抜き出して書きなさい。 5点

(2) ②に入る語として適切なものを，下から選んで書きなさい。 5点
[from in at of]

(3) 対話の内容と合うように，( )に適する日本語を書きなさい。 3点×3(9点)
卓也は歌舞伎を( )度見たことがあり，( )に驚いた。彼は，歌舞伎ではすべての役が( )によって演じられることを知らなかった。

♪L09 **6** Listen 音声を聞いて，内容についての質問に対する答えを１つ選び，記号で答えなさい。 (6点)

ア In the U.K. イ In Japan. ウ In France. エ In Italy. ( )

10日目 関係代名詞・分詞の形容詞的用法

音声

名詞を説明するためのさまざまな表現を学ぶよ。

解答 > p.20～21

要点を確認しよう

攻略のカギを読み，空所に英語を書こう。Speak 完成した英文を音読しよう。

攻略のカギ❶ 関係代名詞（主格）

関係代名詞には，who，which，that があり，名詞を後ろから修飾するときに使う。修飾される名詞を先行詞という。

▶形 先行詞（人） who[that] 動詞 ～ 意味 ～する(人)，～した(人)

▶形 先行詞（もの） which[that] 動詞 ～ 意味 ～する(もの)，～した(もの)

先行詞によって who と which を使い分けるよ。

♪A34 (1) I have a friend ＿＿＿＿ ＿＿＿＿ Chinese.
私には中国語を話す友達がいます。

(2) This is a bus ＿＿＿＿ ＿＿＿＿ to the station. これは駅に行くバスです。

(3) She has a dog ＿＿＿＿ ＿＿＿＿ very fast.
彼女はとても速く走るイヌを飼っています。

(4) The boy ＿＿＿＿ ＿＿＿＿ swimming in the river is Yuta. 川で泳いでいるその少年は雄太です。

(5) That is a car ＿＿＿＿ ＿＿＿＿ made in Italy.
あれはイタリアで作られた車です。

(1)(2) 先行詞が人かものかに注目して考えるんだね。

(3) 動物はふつう，ものとして考えるよ。

(4)(5) 関係代名詞のあとに進行形や受け身が使われることもあるよ。

攻略のカギ❷ 関係代名詞（目的格）

▶形 先行詞（人）(that) 名詞（人など） 動詞 ～
意味 (人など)が～する(人)，～した(人)

▶形 先行詞（もの）(which[that]) 名詞（人など） 動詞 ～
意味 (人など)が～する(もの)，～した(もの)

目的格の関係代名詞は省略することもできるよ。

♪A35 (1) This is a picture ＿＿＿＿ ＿＿＿＿ painted.
これは彼女がかいた絵です。

(2) He is a singer ＿＿＿＿ ＿＿＿＿ know well.
彼は私たちがよく知っている歌手です。

(3) Osaka is a city ＿＿＿＿ often ＿＿＿＿.
大阪は私がしばしば訪れる都市です。

(4) The computer ＿＿＿＿ Bob ＿＿＿＿ is old.
ボブが使うコンピューターは古いです。

(3) 先行詞 a city の後ろに，関係代名詞 which[that] が省略されているんだね。

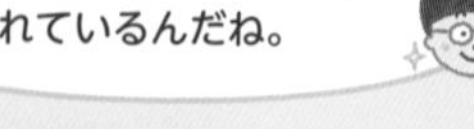

関係代名詞の使い分け

先行詞	主格	目的格
人	who[that]	that
もの・動物	which[that]	which[that]

攻略のカギ❸ 現在分詞

▶形 現在分詞 名詞（人・もの） 意味 ～している(人・もの)

▶形 名詞（人・もの） 現在分詞＋ほかの語(句) 意味 ～している(人・もの)

▶ルール 現在分詞（動詞の ing 形）がほかの語(句)をともなって名詞を修飾する場合は，名詞のあとに置く。

動詞の ing 形は進行形を作ったり，動名詞になったりもするね。

♪A36 (1) Do you know that ＿＿＿＿＿＿＿＿＿＿ ?
あなたはあの踊っている少女を知っていますか。

(2) The man ＿＿＿＿＿ ＿＿＿＿＿ music is Kevin.
音楽を聞いている男性はケビンです。

(3) Who is the ＿＿＿＿＿ ＿＿＿＿＿ over there?
あそこで泣いている女の子はだれですか。

(4) Look at that ＿＿＿＿＿ ＿＿＿＿＿ on the sofa.
ソファで眠っているあのネコを見なさい。

(5) The boys ＿＿＿＿＿ a song ＿＿＿＿＿ my friends. 歌を歌っている少年たちは私の友達です。

(1) 現在分詞 1 語が名詞を修飾する場合だね。

(2)～(5) 現在分詞がほかの語句をともなう場合は，名詞のあとに〈現在分詞＋ほかの語句〉を置くよ。

(5) 主語は The boys だから，動詞に注意する必要があるね。

攻略のカギ❹ 過去分詞

▶形 過去分詞 名詞（人・もの） 意味 ～された(人・もの)

▶形 名詞（人・もの） 過去分詞＋ほかの語(句) 意味 ～された(人・もの)

▶ルール 過去分詞がほかの語(句)をともなって名詞を修飾する場合は，名詞のあとに置く。

過去分詞の作り方は，現在完了や受け身の文で学んだね。

♪A37 (1) There was a ＿＿＿＿＿＿＿＿＿＿ on the table.
テーブルの上には割れたコップがありました。

(2) I'll read a ＿＿＿＿＿＿＿＿＿＿ in English.
私は英語で書かれた本を読むつもりです。

(3) He has a camera ＿＿＿＿＿ ＿＿＿＿＿ the U.K. 彼はイギリスで作られたカメラをもっています。

(4) My father bought a ＿＿＿＿＿ ＿＿＿＿＿.
私の父は中古の自転車を買いました。

(5) What is the ＿＿＿＿＿ ＿＿＿＿＿ in Brazil?
ブラジルで話されている言語は何ですか。

不規則変化の過去分詞

break → broken
make → made
speak → spoken
write → written
➡ p.48 不規則動詞の変化表参照

(3)「～で作られた」はよく使われる表現だから覚えておこう。

(4)「中古の」は「使われた」という意味だと考えればいいね。

問題を解こう

／100点

1 次の文の(　)内から適する語を選び，記号を○で囲みなさい。　4点×7(28点)

(1) This is a letter (ア who　イ which) she wrote last night.
(2) Look at the panda (ア that　イ who) is sitting on the ground.
(3) The boys (ア who　イ which) played baseball were high school students.
(4) We ate a cake (ア who　イ that) was made by Kumi.
(5) The movie (ア who　イ which) I saw yesterday was interesting.
(6) She is a singer (ア which　イ that) I like the best.
(7) This is a restaurant (ア I　イ which) visited last year.

2 各組の文がほぼ同じ内容を表すように，＿＿に適する語を書きなさい。　4点×3(12点)

(1) I have a sister who works in Canada.
I have a ＿＿＿＿ ＿＿＿＿ in Canada.

(2) This is a book which was written by a famous writer.
This is a ＿＿＿＿ ＿＿＿＿ by a famous writer.

(3) Do you know the boy running in the park?
Do you know the ＿＿＿＿ ＿＿＿＿ is running in the park?

3 日本文に合うように，〔　〕内の語(句)を並べかえなさい。ただし，それぞれ不足する1語を補うこと。　5点×4(20点)

(1) 私はフランスで作られた腕時計をもっています。
I have 〔 was / in France / a watch / made 〕.
I have ＿＿＿＿＿＿＿＿＿＿＿＿＿＿＿＿.

(2) あなたはあそこに立っている男性を知っていますか。
Do you know 〔 is / the man / standing / over there 〕?
Do you know ＿＿＿＿＿＿＿＿＿＿＿＿＿＿＿＿?

(3) 彼は先週たくさんの中古のいすを買いました。
〔 many / bought / chairs / he 〕 last week.
＿＿＿＿＿＿＿＿＿＿＿＿＿＿＿＿ last week.

(4) 空を飛んでいるあの鳥たちが見えますか。
〔 see / birds / you / can / those 〕 in the sky?
＿＿＿＿＿＿＿＿＿＿＿＿＿＿＿＿ in the sky?

④ 先行詞に注意しながら関係代名詞を使おう。
⑥ Please ～「～してください」に続く内容を聞き取ろう。

4 Write 絵を見て，明(Akira)になったつもりで，明が話していることを表す英文を書きなさい。ただし，関係代名詞を使って書くこと。 7点×2(14点)

Akira

(1) 京都に住む兄がいます。 (2) 父が作るカレーが好きです。

(1) ＿＿＿＿＿＿＿＿＿＿

(2) ＿＿＿＿＿＿＿＿＿＿

5 Read エマ(Emma)と雄太(Yuta)の対話を読んで，あとの問いに答えなさい。 (18点)

Emma: Do you know the woman (①) is walking over there?
Yuta: Yes. She is my cousin Aya. She is a university student (①) studies English.
Emma: Oh, really? She helped me when I was looking for some books about Japanese in the city library yesterday. She was very kind.
Yuta: Really? Did you do your Japanese homework there?
Emma: Yes. But I haven't finished it yet. I wish I could learn Japanese more easily.
Yuta: How about reading Japanese comic books? You can enjoy learning many words.
Emma: Sounds interesting! I want to try it.
Yuta: I have many Japanese comic books. I'll choose some comic books written in easy Japanese.

(1) 2つの①に共通して入る1語を書きなさい。 8点

＿＿＿＿＿＿

(2) 対話の内容と合うものを下から2つ選び，記号で答えなさい。 5点×2(10点)

ア 亜矢は大学で日本語を学んでいる。
イ 亜矢は図書館で，エマに日本語を教えた。
ウ エマはまだ日本語の宿題が終わっていない。
エ 雄太はエマに，日本のマンガ本を読むようにすすめた。 (　　)(　　)

♪L10 **6** Listen 音声を聞いて，内容についての質問に対する答えを1つ選び，記号で答えなさい。(8点)

ア See a character performance. **イ** Buy a ticket at West-Beach area.
ウ Go to the shop near the gate. **エ** Ask the staff wearing a yellow hat.

(　　)

10日目はここまで！

巻末 重要連語・重要会話表現

音声

入試によく出る表現をまとめてチェックするよ！

♪A38 重要連語

① **a few ～**：2，3の～，いくつかの～

例文 Amy has a few notebooks. エイミーは2，3冊のノートをもっています。

② **a lot of ～**：たくさんの～，多数の～

例文 There are a lot of people on the street. 通りにはたくさんの人がいます。

③ **a piece of ～**：1つ［個，本，枚］の～

例文 Can you give me a piece of paper? 紙を1枚もらえますか。

④ **be good at ～**：～が得意だ

例文 Saki is good at cooking. 早紀は料理が得意です。

⑤ **be interested in ～**：～に興味がある

例文 Bill is interested in Japanese culture. ビルは日本文化に興味があります。

⑥ **each other**：お互い

例文 Mike and Aya know each other. マイクと亜矢はお互いを知っています［知り合いです］。

⑦ **look for ～**：～を探す

例文 Amy is looking for her smartphone. エイミーはスマートフォンを探しています。

⑧ **look forward to ～**：～を楽しみにする

例文 I am looking forward to seeing you soon. 私はもうすぐあなたに会えるのを楽しみにしています。

⑨ **look like ～**：～のように見える，～に似ている

例文 John looks like his father. ジョンはお父さんに似ています。

look forward to の後
ろの動詞は ing 形にす
るんだね！

⑩ **more than ～**：～より多い，～を超える

例文 Lisa has more than 50 comic books. リサは50冊を超えるマンガ本をもっています。

⑪ **so ～ that …**：とても～なので…だ

例文 My father is so busy that he can't come home early. 父はとても忙しいので，早く帰宅できません。

⑫ **take care of ～**：～の世話をする，～の面倒を見る

例文 Bob often takes care of his brother. ボブはよく弟の面倒を見ます。

so ～ that … と too ～ to … はセットで覚えよう！

⑬ **take part in ～**：～に参加する

例文 I want to take part in the contest. 私はそのコンテストに参加したいと思っています。

⑭ **too ～ to …**：あまりにも～なので…できない

例文 Mike is too tired to walk. マイクはあまりにも疲れているので歩くことができません。

♪A39 重要会話表現

● 電話で使う表現

① Can I take a message? 伝言をうかがいましょうか。

② May I leave a message? 伝言をお願いできますか。

③ Could you tell her to call me back? 電話をかけなおしてくれるよう彼女に伝えていただけますか。

④ I'll call back (later). (あとで) かけなおします。

● 買い物で使う表現

① May I help you? いらっしゃいませ[何かご用はありますか]。

— Yes, I'm looking for a T-shirt. ええ，Tシャツを探しています。

② How about this one? こちらはいかがですか。

— It's a little too big.　Do you have a smaller one?

少し大きすぎます。もっと小さいのはありますか。

③ Could you show me another one? 別のを見せていただけますか。

④ I'll take this.　How much is it? こちらをいただきます。おいくらですか。

● 道案内で使う表現

① Could you tell me the way to the station? 駅へ行く道を教えていただけますか。

② Can you tell me how to get to the library? 図書館への行き方を教えてもらえますか。

③ Go straight and turn right at that corner. まっすぐ行って，あの角を右へ曲がりなさい。

④ The post office is next to the bank. 郵便局は銀行のとなりにあります。

⑤ How long does it take from here? ここからどのくらい時間がかかりますか。

⑥ Sorry, but I'm a stranger here. すみませんが，このあたりはよく知らないのです。

● レストランなどで使う表現

① What would you like? 何になさいますか。

— I'd like pizza. ピザをお願いします。

② What kind of drinks do you have? どんな飲み物がありますか。

③ For here or to go? こちらでお召し上がりですか，お持ち帰りですか。

— For here, please. こちらでいただきます。

特集 不規則動詞変化表

原形	意味	現在形	過去形	過去分詞	ing形
A-B-C型（原形，過去形，過去分詞が違う形）					
be	～でいる，ある	am / is / are	was / were	been	being
do	する	do / does	did	done	doing
draw	（絵を）かく	draw(s)	drew	drawn	drawing
eat	食べる	eat(s)	ate	eaten	eating
give	与える	give(s)	gave	given	giving
go	行く	go(es)	went	gone	going
see	見る	see(s)	saw	seen	seeing
sing	歌う	sing(s)	sang	sung	singing
speak	話す	speak(s)	spoke	spoken	speaking
swim	泳ぐ	swim(s)	swam	swum	swimming
take	取る	take(s)	took	taken	taking
write	書く	write(s)	wrote	written	writing
A-B-B型（過去形と過去分詞が同じ形）					
buy	買う	buy(s)	bought	bought	buying
catch	捕まえる	catch(es)	caught	caught	catching
find	見つける	find(s)	found	found	finding
get	得る	get(s)	got	got / gotten	getting
have	もっている，食べる	have / has	had	had	having
hear	聞く	hear(s)	heard	heard	hearing
leave	出発する	leave(s)	left	left	leaving
make	作る	make(s)	made	made	making
meet	会う	meet(s)	met	met	meeting
say	言う	say(s)	said	said	saying
sell	売る	sell(s)	sold	sold	selling
send	送る	send(s)	sent	sent	sending
sit	すわる	sit(s)	sat	sat	sitting
sleep	眠る	sleep(s)	slept	slept	sleeping
teach	教える	teach(es)	taught	taught	teaching
tell	話す，伝える	tell(s)	told	told	telling
think	思う	think(s)	thought	thought	thinking
win	勝つ	win(s)	won	won	winning
A-B-A型（原形と過去分詞が同じ形）					
become	～になる	become(s)	became	become	becoming
come	来る	come(s)	came	come	coming
run	走る	run(s)	ran	run	running
A-A-A型（原形，過去形，過去分詞が同じ形）					
cut	切る	cut(s)	cut	cut	cutting
put	置く	put(s)	put	put	putting
read	読む	read(s)	read [réd]	read [réd]	reading

入試チャレンジテスト

英語

検査時間 

1～3のリスニング問題の音声は
左のQRコードから確認できます。

1. この冊子はテキスト本体からはぎとって使うことができます。
2. 解答用紙は，この冊子の中心についています。
冊子の留め金から解答用紙をはずして，答えを記入することができます。
3. 答えは，すべて解答用紙の指定されたところに記入しましょう。
4. 問題は，10 問で 8 ページです。
5. 時間をはかって，制限時間内に問題を解きましょう。
6. 問題を解く際にメモをするときは，この冊子の余白を使いましょう。
7. 「解答と解説」の 22 ページで答え合わせをして，得点を書きましょう。

1 音声を聞いて，それぞれの内容に最も合う絵をア～エから選び，記号で答えなさい。

2点×4（8点）［茨城］

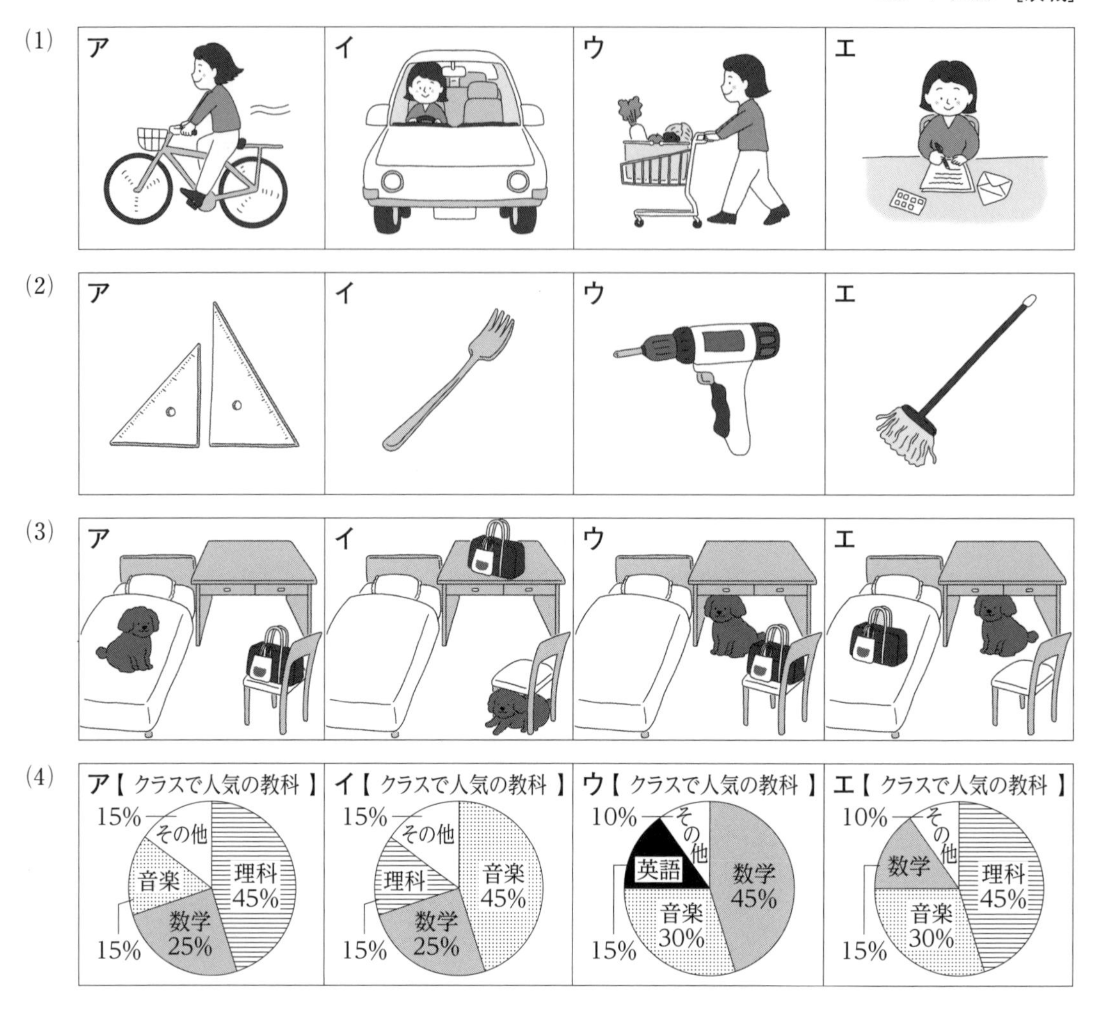

2 音声を聞いて，その内容についての質問に対する答えを１つ選び，記号で答えなさい。

2点×3（6点）［新潟］

(1) ア February.
　イ March.
　ウ April.
　エ May.

(2) ア On the chair.
　イ In the garden.
　ウ Under the table.
　エ Under the bed.

(3) ア She was listening to the radio.
　イ She was reading a newspaper.
　ウ She was practicing judo.
　エ She was studying English.

3 あなたは今，ロンドン出身のブラウン先生による英語の授業を受けています。音声を聞いて，内容に合うように，［メモ］の(1)~(3)に適する英語を１語で書きなさい。また，［先生の質問に対する答え］として，あなたなら何と答えますか。Kyoto, Okinawa, Kumamotoから１つ選んで○で囲み，(4)に適する英語を３語以上で書き，あなたの答えとなる文を完成させなさい。

2点×4（8点）［熊本］

［メモ］

The things Ms. Brown likes in Japan
・Buses are usually not (　(1)　).
・Many people drink (　(2)　) milk tea in Japan.
・Students have school (　(3)　).

［先生の質問に対する答え］

You should visit【Kyoto / Okinawa / Kumamoto】. You can (　　(4)　　).

4 次の各文の（　）内に適するものを選び，記号で答えなさい。　2点×7（14点）

(1)（　　　）in front of people is not easy for me.　［大阪改］

ア Speak　イ Spoken　ウ Speaking

(2) The vegetables（　　　）in this area are delicious.　［大阪改］

ア grow　イ grew　ウ grown

(3) I must（　　　）a lot of homework today.　［大阪改］

ア do　イ doing　ウ to do

(4) This is a camera（　　　）is popular in Japan.　［神奈川］

ア what　イ it　ウ who　エ which

(5) When Takuya was ten years old, he（　　　）a book written by a famous soccer player.　［神奈川］

ア read　イ reads　ウ is read　エ has read

(6) *A:* There（　　　）a lot of children in the park.　Why?　［沖縄］

B: They have a summer festival today.

ア be　イ am　ウ are　エ is

(7) *A:* What's your plan for the summer vacation?　［岩手改］

B: My plan is to visit my uncle in Tokyo.　How about you?

A: I'm thinking of going to Okinawa（　　　）the beautiful sea.

B: Good.

ア enjoyed　イ is enjoying　ウ to see　エ seeing

5 中学生の健（Ken）と留学生のルーカス（Lucas）が，試合やゲームの始め方について話しています。（　）内の語をそれぞれ適する形にかえて書き，対話文を完成させなさい。

3点×4（12点）［秋田］

Ken: We sometimes do **janken* when we start a game.　It's（(1) know）by many people in Japan.　Do you know about it?

Lucas: Yes, I know a little about it.　But I've never（(2) try）it.

Ken: How do you start a game in your country?

Lucas: We usually *toss a coin.　The *referees of the games do it.

Ken: Oh, I have seen it on TV before.　In an international soccer game, a referee was（(3) use）a special coin.　I want to get the coin.

Lucas: You can buy coins for tossing.　I guess they are about three hundred yen.

Ken: Really?　They are（(4) cheap）than I thought.　It's interesting to know the difference between countries.

（注）*janken*　じゃんけん　　toss　投げる　　referee(s)　主審

6 次の各問いの対話文について，（　）内の語（句）を正しく並べかえ，記号で答えなさい。

完答3点×7（21点）

(1) *A:* I think Mary said a very good thing. ［千葉］

B: I don't think so. Her (ア not イ good ウ is エ as オ idea) as mine.

(2) *A:* Could you help me? ［千葉］

B: Sure. What (ア me イ do ウ to エ want オ you) do?

(3) *Kate:* I'd like to make a paper plane. Please (ア me イ make ウ show エ how オ to) it. ［高知］

Mai: Sure.

(4) *A:* My cousin who lives in London will come to Tokushima next week. But I don't know (ア go イ should ウ where エ we). ［徳島］

B: OK. Let's try to find some interesting places.

(5) *A:* The math test was very difficult. ［沖縄］

B: Really? It was (ア me イ easy ウ answer エ to オ for) all the questions.

A: Oh, I didn't have time to finish the test.

(6) *A:* Yesterday was Kaoru's birthday. ［富山］

B: Did you do something for her?

A: I made a cake for her. She (ア eating イ happy ウ looked エ she オ was カ when) it.

(7) *A:* Are you looking for something? ［富山］

B: Yes. I (ア my father イ for ウ lost エ bought オ have カ the watch) me.

A: Where did you put it?

B: On this table two days ago.

7 次の対話文を読んで，［伝えたいこと］が伝わるように（　）に当てはまる英文を書きなさい。２文になってもかまいません。 （4点）［長野］

Tom: I am going to go to the zoo with my family this weekend. Why don't you come with us?

You: I am sorry, I can't. (　　　　　　)

［伝えたいこと］ ⑴理由（自由に考えてよい） ⑵楽しんできてほしい

8 次の英文を読んで，それぞれの問いに答えなさい。 4点×2（8点）［千葉］

My name is Naoki. My parents love traveling. We have been to twenty countries around the world. Last summer, we went to the United States to see my aunt, Elizabeth. After we stayed at her house for a few days, we traveled with her to a very exciting place in *South America. We stayed at a hotel called the *Palace of Salt. Its walls and floors were made of salt. We were surprised to see that almost everything was made of salt, *including the beds, desks, and chairs in the rooms. I enjoyed swimming in the salt water pool, my parents liked the salt *sauna, and my aunt loved sleeping in the salt bed. However, the best thing of all was spending time with my family. We all had a great time on the trip.

（注） South America 南アメリカ　palace 宮殿　including ～ ～を含めて　sauna サウナ

⑴ 英文の内容と合うように，次の問いに英語で答えなさい。

What did Naoki like the best about his trip?

⑵ 本文の内容と合うものを下の**ア**～**エ**から１つ選び，記号で答えなさい。

ア Naoki's family traveled to South America to see his aunt.

イ Naoki stayed at his aunt's house all summer and had a great time.

ウ Naoki's family stayed at an exciting hotel in the United States.

エ Naoki was surprised that most things in the hotel were made of salt.

入試チャレンジテスト 英語

1						
	(1)		(2)		(3)	
	(4)					

2						
	(1)		(2)		(3)	

3				
	(1)		(2)	
	(3)			
	(4)	You should visit【 Kyoto / Okinawa / Kumamoto 】.		
		You can .		

4						
	(1)		(2)		(3)	
	(4)		(5)		(6)	
	(7)					

5				
	(1)		(2)	
	(3)		(4)	

6

(1)	→ → → →	(2)	→ → → →
(3)	→ → → →	(4)	→ → →
(5)	→ → → →	(6)	→ → → → →
(7)	→ → → → →		

7

8

(1)		(2)	

9

10

(1)		(2)	
(3)			
(4)		(5)	
(6)			

問題	1	2	3	4	5	6	7	8	9	10	合計
得点											

9 次の英文は，新聞記事の一部です。この記事が伝えている内容として適するものを，下のア～エから１つ選び，記号で答えなさい。 （5点）［茨城］

How many colors do you see in a rainbow? Most Japanese people think it has seven colors. They are red, orange, yellow, green, blue, *indigo blue and purple. Some American people may say it has six colors. In other cultures, there are people who think it has five. All of these ideas are right because we are all different. If you understand differences, you will see the world in a different way.

（注） indigo blue 藍色

ア It is important to see a lot of colors in a rainbow.

イ People from different cultures always see the same number of colors in a rainbow.

ウ Japanese people don't know how many cultures there are in the world.

エ We can learn different ways of thinking by understanding differences.

10 高校生の香奈（Kana）が，ハワイから来た留学生のオリビア（Olivia）と，教室で会話をしています。対話文を読んで，それぞれの問いに答えなさい。

⑸順不同　2点×7（14点）［北海道］

Olivia: What did you do last weekend?

Kana: I (　　　) to the beach with my family.

Olivia: Did you enjoy it?

Kana: Yes, I did. But the beach we visited wasn't clean, so after having lunch, we cleaned it and collected many *plastic bottles and *plastic bags there.

Olivia: Oh, I also cleaned a beach and collected them with my friends in Hawaii last year. The *letters on some of them were written in Japanese. I was surprised because <u>they</u> traveled so far.

Kana: I think *plastic garbage is a problem around the world.

Olivia: I think so, too. It doesn't *disappear naturally from the beaches and the sea. It's bad for the environment.

Kana: I read an article in a magazine about other problems of plastic garbage.

Olivia: Really? [　①　] me about the article?

Kana: Sure. Many animals in the sea eat plastic garbage because they think it's food. Then, they can't *digest it and won't eat any more food.

Olivia: And many of them die, right?

Kana: Yes. So we must reduce plastic garbage. I heard some Japanese high school students are trying to clean the sea with *fishers. They collect garbage from the *bottom of the sea, and then the students tell the world about the action. I also heard there's much plastic garbage in it.

Olivia: I think it's difficult for us to do it with fishers right now, but we should start reducing plastic garbage. Kana, [　②　]?

Kana: We can bring our own *canteens to school and take our own bags for shopping.

Olivia: That's good. I think these actions are small, but it's important for us to do good things for the environment.

Kana: That's right. If many high school students do it to reduce plastic garbage, the environment of the beaches and the sea will be good. So let's start talking about the problems with our friends first!

Olivia: OK!

（注）plastic bottle(s)　ペットボトル　　plastic bag(s)　ポリ袋，ビニール袋　　letter(s)　文字
plastic garbage　プラスチックごみ　　disappear naturally　自然に消える
digest　消化する　　fisher(s)　漁師　　bottom　底　　canteen(s)　水筒

(1) (　) に入る英語として適するものを，次の中から選び，正しい形にかえて書きなさい。

say	see	begin	go

(2) 下線部＿＿＿の示す内容を具体的に表す英語として適するものを，ア～エから選び，記号で答えなさい。

ア the beach and the sea

イ my friends in Hawaii

ウ plastic bottles and plastic bags

エ the problems in Hawaii

(3) 下線部〰〰〰が，オリビアが香奈にその記事について教えてほしいということを表す英文となるように，[①]に入る英語を３語以上で書きなさい。

(4) 本文の内容から考えて，[②]に入る英語として適するものを，ア～エから選び，記号で答えなさい。

ア what will we stop

イ how can you get it

ウ when did you hear it

エ what can we do

(5) 本文の内容と合うものを，ア～オから２つ選び，記号で答えなさい。

ア Kana and her family cleaned the beach after they ate lunch.

イ Olivia hasn't collected plastic garbage with her friends yet.

ウ Kana read an article about Japanese garbage which is traveling so far.

エ Some high school students in Hawaii cleaned the sea with fishers.

オ Kana and Olivia decided to talk about the problems with their friends.

(6) 次の英文は，オリビアが，ハワイの友達に送った電子メールの一部です。あなたがオリビアになったつもりで，[　　]に入る英語を２語以上で自由に書きなさい。

Today, I talked with Kana about reducing plastic garbage. She told me that we should use our own canteens at school and take our own bags for shopping. I agree with her and want to [　　　　] small to reduce plastic garbage.

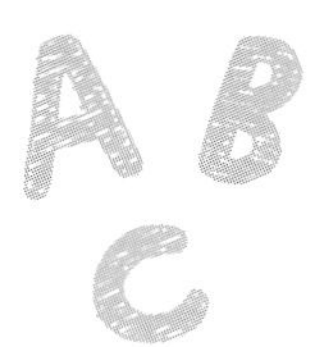

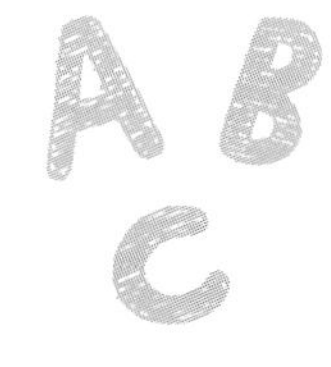

コーチと入試対策!

10日間 完成

中学3年間の総仕上げ

英語

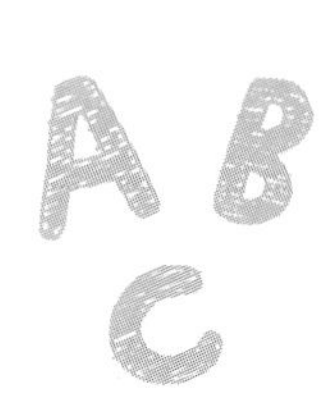

解答と解説

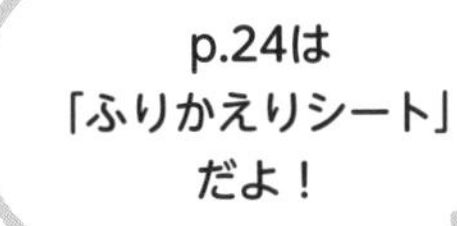

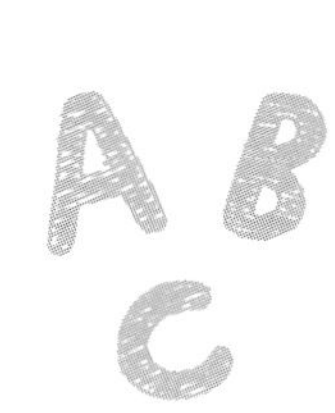

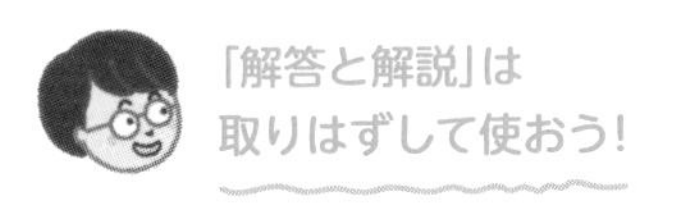

1日目 be動詞・一般動詞

要点を確認しよう p.6~7

攻略のカギ❶ be動詞 (1) am (2) am, not (3) Are, you, not (4) wasn't (5) Were, they

攻略のカギ❷ There is[are] ~. (1) There, is (2) are, not (3) Are, there

問題を解こう p.8~9

1 (2) 主語がEmilyで過去の文なので，be動詞isの過去形wasを使う。

(3) 主語がyouで過去の文なので，be動詞areの過去形wereを使う。

(4) There is[are] ~.の文。「~」が複数なのでareを選ぶ。

(5) 主語がIなので，動詞はplayを選ぶ。〈play + the + 楽器名〉「(楽器)をひく，演奏する」

(6) ⚠注意 readの過去形はreadで原形と同じつづりだが，発音は[réd]となる。

(8) 一般動詞の現在の否定文で主語が3人称単数のときは，一般動詞の前にdoesn'tを置く。

(9) be on the ~ team「~部に所属している」

(10) 一般動詞の過去の疑問文は，Didで文を始める。

2 (1) be動詞の否定文はbe動詞のあとにnotを置く。
are notの短縮形 → aren't

(2) be動詞amの過去形wasを使う。

(3) There is[are] ~.の現在の文。「~」が単数なのでisにする。

(4) Yukaは3人称単数。haveの3人称単数・現在形はhas。

(5) 一般動詞の過去の疑問文なので，Didで文を始める。答えるときもdidを使う。

(7) 一般動詞の現在の疑問文で主語が3人称単数のときは，Doesで文を始める。答えるときもdoesを使う。

---

1 次の文の( )内から適する語を選び，記号を○で囲みなさい。 2点×10(20点)

(1) I (ア is ㋑ am ウ are) from Osaka.
(2) Emily (ア is ㋑ was ウ were) tired last night.
(3) You (ア are ㋑ were ウ was) at the station yesterday.
(4) There (ア is ㋑ are ウ was) many computers in this room.
(5) I (㋐ play イ plays ウ do) the guitar on Sunday.
(6) He (㋐ read イ reads ウ is) the newspaper yesterday evening.
(7) She (ア go イ goes ㋒ went) to school by bus yesterday.
(8) My brother (ア isn't イ don't ㋒ doesn't) like carrots.
(9) (ア Are ㋑ Is ウ Am) Kevin on the basketball team?
(10) (ア Do イ Does ㋒ Did) you clean your room last Sunday?

2 日本文に合うように，___に適する語を書きなさい。 4点×7(28点)

(1) 彼らはテニスファンではありません。
They aren't tennis fans.

(2) 私は昨年，13歳でした。
I was thirteen years old last year.

(3) 壁に1枚の写真がかかっています。
There is a picture on the wall.

(4) 由香は黄色いTシャツをもっています。
Yuka has a yellow T-shirt.

(5) あなたの弟さんは昨日，バスケットボールをしましたか。── はい，しました。
Did your brother play basketball yesterday?
— Yes, he did.

(6) あなたたちはこの前の土曜日に，体育館にいましたか。── いいえ，いませんでした。
Were you at the gym last Saturday?
— No, we weren't.

(7) マイクはふだん，早く寝ますか。── はい，寝ます。
Does Mike usually go to bed early?
— Yes, he does.

実力アップ！ いろいろな短縮形

I am = I'm や you are = you're のように，2つの語をつなげた短縮形をたくさん学んだね。実際の会話では短縮形をよく使うよ。ただし，that isはthat'sと短縮形にできるけれど，this isは短縮形がないので注意しよう。

○ That's(= That is) a bird.
○ This is a bird. (This isの短縮形はない)

攻略のカギ❸ 一般動詞　(1) play　(2) dance　(3) likes　(4) does　(5) studied　(6) went

攻略のカギ❹ 一般動詞の否定文・疑問文　(1) does, not　(2) Does, have, doesn't　(3) Did, swim

3 日本文に合うように，〔 〕内の語(句)を並べかえなさい。　5点×3(15点)

(1) グリーン先生はカナダ出身ではありません。
〔 not / Ms. Green / from / is / Canada 〕.
Ms. Green is not from Canada.

(2) 彼らは放課後，ギターをひきますか。
〔 guitar / play / do / the / they 〕 after school?
Do they play the guitar after school?

(3) 私は昨日，この本を買いました。
〔 this / bought / book / I 〕 yesterday.
I bought this book yesterday.

4 Write メモを見て，サム(Sam)を紹介する英文を，書き出しの文に続けて書きなさい。　(7点)

名前：サム
出身地：アメリカ
好きな教科：数学

This is Sam.
He is from America.
(例) He likes math.

5 Read リサ(Lisa)がクラスで自己紹介をしています。次の問いに日本語で答えなさい。　6点×3(18点)

Hello, everyone. I'm Lisa. I'm from Australia. I live in Yokohama. I like animals very much. I have two birds and a dog. I run with my dog in the park every morning. Thank you.
みなさん，こんにちは。私はリサです。私はオーストラリア出身です。私は横浜に住んでいます。私は動物がとても好きです。2羽の鳥と1匹のイヌを飼っています。私は毎朝，イヌと公園で走ります。ありがとうございました。

(1) リサの出身地はどこですか。　(オーストラリア)
(2) リサはイヌと何を飼っていますか。　((2羽の)鳥)
(3) リサは毎朝，イヌといっしょに公園で何をしますか。　(走る)

6 Listen 音声を聞いて，内容に合うように( )に適する日本語を書きなさい。　6点×2(12点)

(1) 健は(ピザ)が好きです。
(2) メアリーの妹は，よく(ピアノ)をひきます。

3 (1) 重要 「～出身である」be from ～
(2) 主語が複数のときの一般動詞の現在の疑問文はDoで文を始める。
(3) bought は buy「～を買う」の過去形。

4 「彼は数学が好きです」という文を書く。主語が3人称単数で現在の文なので，like に -s をつけて likes とする。This is ～.「こちらは～です。」は人を紹介するときにも使われる。
別解 形容詞 favorite「お気に入りの，いちばん好きな」を使って，His favorite subject is math. と表すこともできる。

5 (1) 3文目参照。リサはオーストラリア出身であることがわかる。
(2) 6文目参照。ここでの have は「～を飼っている」という意味。
(3) 7文目参照。リサは毎朝イヌといっしょに公園で走ることがわかる。every morning「毎朝」

6 放送文　(1) Hi. I'm Ken. I like pizza.
(2) Hello. I'm Mary. This is my sister. She often plays the piano.

・放送文全訳・
(1) こんにちは。ぼくは健です。ぼくはピザが好きです。
(2) こんにちは。私はメアリーです。こちらは私の妹です。彼女はよくピアノをひきます。

2日目 進行形・未来を表す文

要点を確認しよう p.10~11

攻略のカギ❶ 進行形 (1) is, playing (2) was, playing (3) were, running (4) I'm, writing

攻略のカギ❷ 進行形の否定文・疑問文 (1) is, not (2) Is, sleeping (3) weren't, talking (4) Were, studying (5) What, doing, cooking

問題を解こう p.12~13

1 (1) 現在進行形の文。主語がMy mother なのでbe動詞はisを使う。

(3) ⚠注意 won'tはwill notの短縮形。

(4) 進行形の否定文はbe動詞の後ろにnotを置く。isn'tはis notの短縮形。

(6) 主語がtheyで過去進行形の疑問文なので，be動詞のwereを選ぶ。

2 (1)「～するつもりです」はbe going toを使って表す。toのあとは動詞の原形にする。

(3) willの疑問文では，主語の前にwillを置く。動詞は原形を使う。

(4) ⚠注意 swimのing形は，mを重ねてswimmingとする。

(5) 過去進行形の疑問文。主語がyouなので，Wereで文を始める。

⚠注意 runのing形は，nを重ねてrunningとする。

3 (1) next Monday「次の月曜日」に合わせて，be going toを使った未来の文にする。主語がMy fatherなので，be動詞はisを使う。

(2) will notの短縮形 → won't

(4)「何をするつもりですか」とたずねるので，Whatで文を始めてwillの疑問文を続ける。

---

1 次の文の( )内から適する語を選び，記号を○で囲みなさい。 2点×6(12点)

(1) My mother (ア is イ am ウ are) cooking spaghetti now. 〔答 ア〕

(2) I (ア am イ will ウ going) stay home this weekend. 〔答 イ〕

(3) He (ア isn't イ won't ウ doesn't) visit his aunt next month. 〔答 イ〕

(4) Bill (ア isn't イ don't ウ doesn't) doing his homework. 〔答 ア〕

(5) When (ア are イ will ウ do) you going to visit London? 〔答 ア〕

(6) What (ア will イ was ウ were) they doing then? 〔答 ウ〕

2 日本文に合うように，＿に適する語を書きなさい。 4点×5(20点)

(1) 私は今週末，母を手伝うつもりです。
I'm going to help my mother this weekend.

(2) 明日は暑くなるでしょう。
It will be hot tomorrow.

(3) 早紀は今日の午後，映画を見るつもりですか。
Will Saki watch[see] a movie this afternoon?

(4) 彼はそのとき，川で泳いでいませんでした。
He wasn't swimming in the river then.

(5) あなたたちはそのとき，公園で走っていましたか。
Were you running in the park then?

3 次の文を( )内の指示にしたがって書きかえるとき，＿に適する語を書きなさい。 4点×4(16点)

(1) My father comes home at seven <u>every day</u>. (下線部をnext Mondayにかえて)
My father is going to come home at seven next Monday.

(2) Kumi will see a movie tomorrow. (否定文に)
Kumi won't see a movie tomorrow.

(3) You are going to go shopping this Saturday. (疑問文にかえて，Noで答える文も)
Are you going to go shopping this Saturday?
— No, I'm not.

(4) Kevin will <u>go to the library</u> after school. (下線部をたずねる疑問文に)
What will Kevin do after school?

実力アップ！ 未来を表す現在進行形

「～するつもりです」と未来のことを表すときは，willやbe going toを使うことを学んだね。これらの表現のほかにも，すでに予定が確定していたり，準備が整っていたりする場合に現在進行形で未来を表すことがあるよ。

例：I'm meeting Yuka today.
今日，由香に会います。

攻略のカギ❸ 未来（be going to） (1) is, going (2) is, not (3) Is, going (4) I'm, meet[see] (5) What, going

攻略のカギ❹ 未来（will） (1) will, come (2) will, not (3) Will, come, will (4) won't, leave (5) will, be

4 日本文に合うように，〔 〕内の語を並べかえなさい。 5点×3（15点）

(1) ケイトは明日，忙しいでしょう。
〔 busy / Kate / be / will 〕 tomorrow.
Kate will be busy tomorrow.

(2) 私たちはこの夏に富士山に登るつもりです。
〔 are / climb / to / we / going 〕 Mt. Fuji this summer.
We are going to climb Mt. Fuji this summer.

(3) あなたは昨日の５時に何をしていましたか。
〔 were / doing / you / what 〕 at five yesterday?
What were you doing at five yesterday?

5 Write メモを見て，エイミー(Amy)の今度の日曜日の予定を紹介する英文を，土曜日の例にならって書きなさい。 （7点）

今週末の予定
土曜日：友達とテニス
日曜日：ピアノの練習

（例）Amy is going to play tennis with her friend next Saturday.
（例）Amy is going to practice the piano next Sunday.

6 Read 雄太(Yuta)が，先週末にしたことや今週末の予定を話しています。内容に合うように（ ）に適する日本語を書きなさい。 6点×3（18点）

I bought a book last Saturday. I was reading it on Sunday morning. It was very interesting. My grandparents live in Nagano. I'm going to visit them with my family next Saturday. There is a beautiful mountain near their house. I'll ski there.

ぼくは先週の土曜日に本を買いました。日曜日の午前にそれを読んでいました。とてもおもしろかったです。ぼくの祖父母は長野に住んでいます。ぼくは今度の土曜日に家族と彼らを訪ねるつもりです。彼らの家の近くには美しい山があります。ぼくはそこでスキーをするつもりです。

(1) 雄太は先週の日曜日の午前中，（ 本を読んで ）いました。
(2) 雄太は今度の（ 土曜日 ），長野の祖父母を訪ねるつもりです。
(3) 雄太は山で，（ スキーをする ）つもりです。

7 Listen 音声を聞いて，内容に合うように次の文の（ ）内から適するものを選び，○で囲みなさい。 6点×2（12点）

(1) 由香は今，英語を（ 話して ／ ○勉強して ）います。
(2) 明日の天気は（ ○雨 ／ 晴れ ）でしょう。

4 (1)「～でしょう」は助動詞willを使って表す。willのあとの動詞は原形。
(2)「～するつもりです」は〈be going to＋動詞の原形〉を使って表す。
(3)「何(を)」を表す疑問詞Whatで文を始める。Whatのあとに〈be動詞＋主語＋動詞のing形 ～?〉を続ける。

5 be going toを使って，「エイミーは今度の日曜日にピアノを練習するつもりです」という文を書く。助動詞willを使って表す場合はAmy will practice the piano next Sunday. となる。

6 (1) 2文目参照。itは前の文のa bookを指す。
(2) 5文目参照。themは雄太の祖父母を指す。
(3) 最後の文参照。thereは祖父母の家の近くにある山を指す。

7 放送文
(1) Yuka is studying English now.
(2) It is sunny today, but it will be rainy tomorrow.

・放送文全訳・
(1) 由香は今，英語を勉強しています。
(2) 今日は晴れていますが，明日は雨になるでしょう。

3日目 現在完了

要点を確認しよう p.14~15

攻略のカギ❶ 現在完了 (1) have, studied (2) have, visited (3) have, finished (4) has, lived (5) have, been (6) has, left

攻略のカギ❷ 現在完了の否定文・疑問文 (1) has, not (2) Has, arrived (3) seen, for (4) Have, been, have (5) have, stayed, For (6) have, traveled, Twice

問題を解こう p.16~17

1 (2) 現在完了の完了用法。just は「ちょうど」という意味。

(3) 現在完了の経験用法。疑問文は Have で始める。

(4) ⚠注意 have[has] been to ～ で「～に行ったことがある」。

(5) 現在完了進行形〈have[has] been＋動詞の ing 形 ～〉の文。since は「～から（ずっと）」という意味。

(6) ⚠注意 現在完了の経験用法の否定文では，not の代わりに never がよく使われる。

2 (1) 現在完了の継続用法で表す。主語が Kevin で3人称単数なので，has を使う。

(3)「一度も～ない」は never で表す。

(4)「(今までずっと)～しています」は現在完了進行形で表す。

(5)「どのくらい～」とたずねるときは How long で文を始める。「～の間」と期間を答えるときは，前置詞 for を使う。

(6) 回数をたずねるときは，How many times で文を始める。

3 (1)「ジェーンは昨日体調が悪くなって，まだ悪いです」→「ジェーンは昨日からずっと体調が悪いです」

(2)「私の母はカギをなくして，今それをもっていません」→「私の母はカギをなくしてしまいました」

---

1 次の文の（ ）内から適する語(句)を選び，記号を○で囲みなさい。 3点×6（18点）

(1) Mike has (ア lives ㋑ lived ウ living) in Japan for three years.

(2) She has just (ア arrive ㋑ arrived ウ arriving) at the station.

(3) (㋐ Have イ Do ウ Are) you ever seen the movie?

(4) She has (ア go イ be ㋒ been) to Okinawa twice.

(5) Saki has (ア studying ㋑ been studying ウ been studied) since this morning.

(6) I've (ア never ㋑ never entered ウ entered never) the building.

2 日本文に合うように，＿＿に適する語を書きなさい。 4点×6（24点）

(1) ケビンは日本語を2年間勉強しています。
Kevin has studied Japanese for two years.

(2) 私はちょうど宿題を終えたところです。
I have just finished my homework.

(3) エイミーはラーメンを一度も食べたことがありません。
Amy has never eaten ramen.

(4) 彼は昨日からずっとその本を読んでいます。
He has been reading the book since yesterday.

(5) あなたはどのくらいここで待っているのですか。── 2時間です。
How long have you been waiting here?
— For two hours.

(6) あなたは京都に何回行ったことがありますか。── 4回です。
How many times have you been to Kyoto?
— Four times.

3 各組の文がほぼ同じ内容を表すように，＿＿に適する語を書きなさい。 4点×2（8点）

(1) Jane got sick yesterday, and she is still sick.
Jane has been sick since yesterday.

(2) My mother lost her key and she doesn't have it now.
My mother has lost her key.

実力アップ！ 進行形にできない動詞

現在完了進行形では，〈have[has] been＋動詞の ing 形〉で「(今までずっと) ～しています」という意味になることを学んだね。でも，know や like など「状態」を表す動詞は，ふつう進行形にしないので注意しよう。

○ I have known him for two years.

× I have been knowing him for two years.

攻略のカギ❸ 現在完了進行形 (1) has, been (2) has, not (3) Has, been (4) been, watching (5) Has, been, has (6) has, been, Since

4 日本文に合うように，〔 〕内の語(句)を並べかえなさい。 5点×3 (15点)

(1) 私は一度もその映画を見たことがありません。
〔 never / the movie / I've / seen 〕.
I've never seen the movie.

(2) 昨日からずっと雪が降っています。
It 〔 snowing / been / yesterday / has / since 〕.
It has been snowing since yesterday.

(3) あなたはもう昼食を終えましたか。
〔 yet / have / finished / you / lunch 〕?
Have you finished lunch yet?

5 マイク(Mike)が答えたアンケート用紙を見て，マイクになったつもりで久美(Kumi)の問いに答えなさい。 (5点)

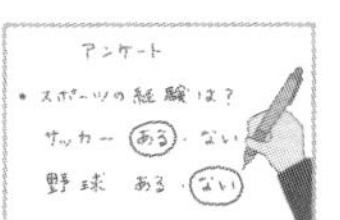

アンケート
・スポーツの経験は？
サッカー ある・ない
野球 ある・ない

Kumi: Have you ever played baseball?
Mike: (例) No, I haven't.

6 亜矢(Aya)が，自分の部活動について話しています。内容に合うように( )に適する日本語や数字を書きなさい。 6点×3 (18点)

I'm a member of the tennis team in my junior high school. I've played tennis for about three years. I will have my final game as a junior high school student next month. I've been practicing hard for it. I like tennis very much. I will play tennis in high school, too.

私は中学のテニス部の一員です。私はテニスを約3年間しています。私は来月，中学生として最後の試合があります。それに向けて一生懸命練習しています。私はテニスがとても好きです。高校でもテニスをするつもりです。

(1) 亜矢は約(3)年間，テニスをしています。
(2) 亜矢は来月，中学最後の試合があり，それに向けて一生懸命に(練習して)います。
(3) 亜矢は(高校)でもテニスをするつもりです。

7 音声を聞いて，内容に合うように( )に適する日本語を書きなさい。 6点×2 (12点)

(1) リサはちょうど(部屋をそうじ)したところです。
(2) 雄太は1時間ずっと(走っています)。

4 (1) never は not と同じように，have のあとに置く。
(2) 現在完了進行形は〈have[has] been＋動詞の ing 形 ～〉の語順にする。
(3) 現在完了の疑問文は have[has] を主語の前に置く。yet は文末に置く。疑問文では「もう」という意味。

5 現在完了の疑問文に対しては，have[has]を使って答える。
重要 「はい」と答えるとき
→〈Yes, 主語＋ have[has]〉.
「いいえ」と答えるとき
→〈No, 主語＋ have[has] not.〉

6 (1) 2文目参照。期間は for ～で表す。
(2) 4文目参照。it は my final game as a junior high school student「中学生として最後の試合」を指す。
(3) 最後の文参照。助動詞 will は「～するつもりです」という意味。

7 放送文 (1) Lisa has just cleaned the room.
(2) Yuta has been running for an hour.

・放送文全訳・ (1) リサはちょうど部屋をそうじしたところです。
(2) 雄太は1時間ずっと走っています。

4日目 助動詞

要点を確認しよう p.18〜19

攻略のカギ❶ 助動詞 (1) can, play (2) must, clean (3) may[can], sleep (4) should, help (5) has, to

攻略のカギ❷ 助動詞の否定文・疑問文 (1) must, not (2) Must, read, must (3) Can, speak, can't[cannot] (4) may, not (5) Does, have, does (6) Must, practice, doesn't, have

問題を解こう p.20〜21

1 (1)「〜すべきである」は should で表す。助動詞の後ろの動詞は原形にするので，be 動詞の原形 be を置く。

(3)「〜かもしれない」は may で表す。

(4)「〜しましょうか」は Shall I 〜? で表す。

(5) may には「〜してもよい」という許可の意味もある。

(6) ☆重要 have[has] to の疑問文は，Do[Does]を主語の前に置く。Yes のときは，〈Yes, 主語＋do[does].〉，No のときは，〈No, 主語＋don't[doesn't] have to.〉と答える。

(7)「〜してくださいませんか」は Could[Would] you 〜? で表す。

2 (2) ⚠注意 can の否定は can't または cannot となるので注意。

(3) ☆重要 Must I 〜? に対して No で答えるときは No, you don't have to.「いいえ，しなくてよいです」となる。

3 (1) Can[Will] you 〜?「〜してくれませんか」は Please 〜.「〜してください」とほぼ同じ意味を表す。

(2) have[has] to は must とほぼ同じ意味を表す。

(3) Shall we 〜?「(いっしょに)〜しませんか」は Let's 〜.「〜しましょう」とほぼ同じ意味を表す。

---

1 日本文に合うように，＿＿に適する語を書きなさい。 3点×7(21点)

(1) あなたは親切であるべきです。
You ＿should＿ ＿be＿ kind.

(2) 私たちは昼食の前に手を洗わなければなりません。
We ＿must＿ wash our hands before lunch.

(3) 彼はあとで来るかもしれません。
He ＿may＿ ＿come＿ later.

(4) あなたのサッカーチームに入りましょうか。
＿Shall＿ ＿I＿ join your soccer team?

(5) 私の自転車を使ってもよいですよ。
You ＿may[can]＿ ＿use＿ my bike.

(6) 私は今お風呂に入らなければなりませんか。―― いいえ，入らなくてよいです。
＿Do＿ I ＿have＿ to take a bath now?
― No, you ＿don't＿ ＿have＿ to.

(7) 駅までの道を教えてくださいませんか。
＿Could[Would]＿ ＿you＿ tell me the way to the station?

2 次の対話が成り立つように，＿＿に適する語を書きなさい。 3点×3(9点)

(1) *A:* Does Mike ＿have＿ to help his mother?
B: No, he ＿doesn't＿ have to.

(2) *A:* Can she play the guitar well?
B: No, she ＿can't[cannot]＿.

(3) *A:* Must I write a letter?
B: No, you don't ＿have＿ ＿to＿.

3 各組の文がほぼ同じ内容を表すように，＿＿に適する語を書きなさい。 4点×3(12点)

(1) Please open the window.
＿Can[Will]＿ ＿you＿ open the window?

(2) Kumi must get up early tomorrow.
Kumi ＿has＿ ＿to＿ get up early tomorrow.

(3) Let's listen to music.
＿Shall＿ ＿we＿ listen to music?

実力アップ！ Shall I 〜? に対する答え方

Shall I 〜? は「〜しましょうか」と申し出る表現だね。これに対して答えるときは，次のような表現を使うよ。

・お願いするとき
Thank you.「ありがとう」 Yes, please.「はい，お願いします」

・断るとき
No, thank you.「いいえ，結構です」

攻略のカギ❸ 助動詞を使った会話表現 (1) Can [Will], you (2) May [Can], I (3) Shall, we (4) Could [Would], you

4 日本文に合うように，〔 〕内の語(句)を並べかえなさい。ただし，それぞれ不足する１語を補うこと。 4点×4(16点)

(1) 彼は歌手にちがいない。〔 a singer / he / be 〕.
He must be a singer.

(2) あなたは宿題をしなくてよいです。〔 don't / your homework / to / you / do 〕.
You don't have to do your homework.

(3) 亜矢はすぐにそこへ行くべきです。〔 soon / go / Aya / there 〕.
Aya should go there soon.

(4) 明日は雨かもしれません。〔 be / rainy / it / tomorrow 〕.
It may be rainy tomorrow.

5 Write 次の絵を見て，それぞれが意味する内容を，must を使って書きなさい。 6点×2(12点)

(1) (例) You must not [mustn't] run here.

(2) (例) You must not [mustn't] play baseball in the park.

6 Read 理恵(Rie)とサム(Sam)が話しています。対話の内容と合うものには○を，異なるものには×を書きなさい。 6点×3(18点)

Rie: What are you doing now, Sam?
今何をしているの，サム？
Sam: I'm doing my science homework now. I can't read kanji, so it's very difficult.
今，理科の宿題をしているよ。ぼくは漢字が読めないから，とても難しいんだ。
Rie: Shall I help you?
手伝おうか？
Sam: Oh, thank you.
ああ，ありがとう。

(1) サムは今，家事をしている。 (×)
(2) サムは漢字を読むことができない。 (○)
(3) 理恵はサムに宿題を手伝ってほしいとお願いした。 (×)

7 Listen 音声を聞いて，内容に合うように( )に適する日本語を書きなさい。 6点×2(12点)

(1) リサは今日，(夕食)を作らなければならない。
(2) リサは放課後，スーパーマーケットで(卵を買わ)なければならない。

4 (1)「～にちがいない」という強い推量を表すときは，must を使う。
(2) have [has] to の否定文は don't [doesn't] have to を使う。
(3)「～すべきである」は should で表す。
(4)「～かもしれない」は may で表す。

5 「～してはいけない」は，〈must not ＋動詞の原形 ～〉で表す。
⚠注意 must not の短縮形 → mustn't

6 (1) サムの最初の発言参照。サムは理科の宿題をしていることがわかる。
(2) サムの最初の発言参照。漢字を読むことができないので，それ(＝宿題)がとても難しいと言っている。
(3) 理恵の２つ目の発言参照。理恵がサムに「手伝いましょうか」とたずねている。Shall I ～? は「～しましょうか」と申し出る表現。

7 放送文

Takuya: You look very busy, Lisa.
Lisa: Yes, I have to make dinner today.
Takuya: Oh, what will you make for dinner?
Lisa: I'll make omelets. I must buy some eggs at the supermarket after school.

・放送文全訳・
卓也：とても忙しそうだね，リサ。
リサ：ええ，私は今日，夕食を作らなければならないの。
卓也：わあ，夕食に何を作るつもり？
リサ：オムレツを作るつもりよ。私は放課後，スーパーマーケットで卵を買わなければならないの。

5日目 不定詞・動名詞

要点を確認しよう p.22~23

攻略のカギ❶ 不定詞の3用法 (1) to, go (2) to, play (3) to, eat (4) to, hear

攻略のカギ❷ 動名詞 (1) listening (2) Taking (3) playing (4) meet[see] (5) crying

問題を解こう p.24~25

1 (3) decide は目的語に不定詞のみをとる動詞。

(4) finish は目的語に動名詞のみをとる動詞。use の ing 形は using。

2 (1) 重要 something to drink で「何か飲むためのもの」→「何か飲み物」という意味。疑問文なので，anything を使う。

(2) 重要 〈It is ~ for + 人 + to ....〉で「(人)にとって…することは~だ」という意味。

(3)「(人)に~してもらいたい」は〈want +人+ to +動詞の原形 ~〉。

(4)「~するのをやめる」は stop ~ing。

(6)「~するのに十分…」は ... enough to ~で表す。

(7)「何をしたらよいか」は what to do で表す。

(8)「あまりに…なので~できない」は too ... to ~で表す。

(9)「(人)に~するように言う」は〈tell +人+ to +動詞の原形 ~〉で表す。

(10) 注意 動名詞は3人称単数扱いであることに注意する。

3 (1)〈help +人+(to)+動詞の原形〉で「(人)が~するのを手伝う」という意味。

(2) try to ~「~しようとする」

(3) start ~ing「~し始める」

---

1 次の文の( )内から適する語(句)を選び，記号を○で囲みなさい。 2点×4(8点)

(1) I enjoyed (ア talk イ to talk **(ウ)** talking) with my friends.

(2) My brother wants (ア be **(イ)** to be ウ is) a teacher.

(3) She decided (ア leave **(イ)** to leave ウ leaving) home.

(4) Ken will finish (ア use イ to use **(ウ)** using) the computer soon.

2 日本文に合うように，____に適する語を書きなさい。 3点×10(30点)

(1) あなたは何か飲み物をもっていますか。
Do you have anything __to__ __drink__ ?

(2) 子どもたちには外で遊ぶことが必要です。
__It__ is necessary __for__ children to play outside.

(3) 私は雄太にこの本を読んでほしいです。
I __want__ Yuta __to__ read this book.

(4) その女の子は川で泳ぐのをやめました。
The girl __stopped__ __swimming__ in the river.

(5) 久美は花を買うためにその店に行くつもりです。
Kumi will go to the shop __to__ __buy[get]__ some flowers.

(6) この公園はサッカーをするのに十分大きいです。
This park is large __enough__ __to__ play soccer.

(7) 私は彼らのために何をすればよいのかわかりません。
I don't know __what__ __to__ do for them.

(8) その質問はあまりに難しすぎて答えることができませんでした。
The question was __too__ difficult __to__ answer.

(9) お母さんは私に早く起きるように言いました。
My mother __told__ me __to__ get up early.

(10) 英語を話すことは楽しいです。
__Speaking__ English __is__ fun.

3 次の英文を日本語になおしなさい。 4点×4(16点)

(1) Takuya helped his father cook lunch. 卓也は(彼の父が昼食を作るのを手伝いました)。

(2) Amy tried to make a desk. エイミーは(机を作ろうとしました)。

(3) The dog started sleeping. そのイヌは(眠り始めました)。

(4) It's easy for me to swim in the sea. (私にとって海で泳ぐことは簡単です)。

実力アップ！ 覚えておきたい動名詞を使った表現

動名詞を使った表現はたくさんあるよ。入試にもよく出てくるので，覚えておこう。

- be good at ~ing「~するのが得意だ」
- look forward to ~ing「~するのを楽しみにする」
- Thank you for ~ing.「~してくれてありがとう」
- How about ~ing?「~しませんか」

攻略のカギ❸ It is ～ (for＋人) to .... (1) It, to (2) for, me (3) It, was
攻略のカギ❹ 不定詞のいろいろな用法 (1) how, to (2) where, to (3) told, to (4) helped, do (5) too, to (6) enough, to

4 日本文に合うように，〔 〕内の語(句)を並べかえなさい。 6点×2（12点）

(1) たくさんの本を読むことは彼女にとっておもしろいです。
〔 read / interesting / her / to / is / for / it 〕 many books.
It is interesting for her to read many books.

(2) 水があまりに冷たいので手を洗えません。
The water is 〔 too / wash / to / my hands / cold 〕.
The water is too cold to wash my hands .

5 Write 次の表を見て，明(Akira)とジェーン(Jane)の明日の予定を表す英文を，( )内の語を使って書きなさい。 7点×2（14点）

Akira	お母さんが台所をそうじするのを手伝う (help)
Jane	ポール(Paul)に写真を撮るよう頼む (ask)

・(例) Akira will help his mother (to) clean the kitchen tomorrow.
・(例) Jane will ask Paul to take a picture[pictures] tomorrow.

6 Read 由香(Yuka)とビル(Bill)が，あるスポーツについて話しています。対話の内容と合うものを下から２つ選び，記号で答えなさい。 7点×2（14点）

Yuka: Do you know how to play cricket, Bill?
クリケットのやり方を知っている，ビル？
Bill: Yes. It's very popular in the U.K. It's similar to baseball.
うん。 それはイギリスでとても人気だよ。 野球に似ているんだ。
Yuka: Sounds exciting! I want you to teach me the rules.
とても楽しそうだね！ 私にルールを教えてほしいな。
Bill: OK, let's play together!
いいよ，いっしょにやろう！

ア ビルはクリケットのやり方を知っている。
イ クリケットはアメリカで人気のスポーツである。
ウ クリケットは野球と似ている。
エ 由香はビルにクリケットのルールを教えるつもりだ。 （ ア ）（ ウ ）

7 Listen 音声を聞いて，明(Akira)がうれしくなった理由をア～ウから１つ選び，記号で答えなさい。 （6点）

ア 好きな歌手のコンサートが来月開催されるから。
イ コンサートでお気に入りの曲を聞いたから。
ウ 好きな歌手のサインをもらったから。 （ イ ）

4 (1) 〈It is ～ (for＋人) to ....〉の文。for her「彼女にとって」は to ... の前に置く。
(2) too ... to ～で「あまりに…なので～できない」という意味を表す。

5 (1)「(人)が～するのを手伝う」は〈help＋人＋(to)＋動詞の原形〉で表す。to は省略することができる。
(2)「(人)に～するように頼む」は〈ask＋人＋to＋動詞の原形〉で表す。

6 **ア** ビルの最初の発言参照。由香が「クリケットのやり方を知っていますか」とたずねたのに対して，Yes と答えている。
イ ビルの最初の発言参照。「それ(＝クリケット)はイギリスでとても人気です」とある。
ウ ビルの最初の発言参照。「野球と似ています」と言っている。similar to ～「～と似ている」
エ 由香の２つ目の発言参照。ビルに「(クリケットの)ルールを教えてほしい」と言っている。

7 放送文 I'm Akira. My favorite singer came to Japan last month. I went to his concert. It was wonderful. I was very happy to listen to my favorite songs there. I want him to come to Japan again.

・放送文全訳・ ぼくは明です。ぼくのお気に入りの歌手が先月，日本に来ました。ぼくは彼のコンサートに行きました。それはすばらしかったです。そこでぼくのお気に入りの歌を聞いて，とてもうれしかったです。ぼくは彼にまた日本に来てほしいです。

6日目 命令文・文構造

要点を確認しよう p.26~27

攻略のカギ❶ 命令文 (1) Read (2) Don't, read (3) Please, don't (4) Answer, please (5) Be

攻略のカギ❷ 第1～3文型 (1) studies (2) became (3) teaches (4) sounds

問題を解こう p.28~29

1 (2) 第2文型 (SVC) の文。主語がSheで3人称単数なので，lookにsをつける。

(4) 〈find + O + C〉で「OがCとわかる」という意味。

(5) 〈ask + O_1 + O_2〉で「O_1にO_2をたずねる」という意味。

(6)「～しないで」は〈Don't +動詞の原形 ～.〉で表す。

(7) 重要 第4文型の〈tell + O_1(人) + O_2(もの)〉「(人)に(もの)を伝える」は，前置詞toを使って〈tell +もの+ to +人〉に書きかえることができる。

(8) 注意 命令文は動詞の原形で文を始める。

(9)〈make + O + C〉で「OをC(の状態)にする」という意味。

2 (1) 第4文型の〈give + O_1(人) + O_2(もの)〉を，第3文型の〈give +もの+ to +人〉に書きかえる。

(2) must notは「～してはいけない」という禁止の意味を表す。〈Don't +動詞の原形 ～.〉「～してはいけません」とほぼ同じ意味。

(4) 第4文型の〈cook + O_1(人) + O_2(もの)〉を，第3文型の〈cook +もの+ for +人〉に書きかえる。

(5) Will you ～?は「～してくれませんか」と依頼する表現。命令文にpleaseをつけて，「～してください」という文に書きかえる。

---

1 日本文に合うように，___に適する語を書きなさい。 3点×9(27点)

(1) この写真を見てください。
Look at this picture, please .

(2) 彼女は今日，とても疲れているように見えます。
She looks very tired today.

(3) ケビンは歩いて学校に行きます。
Kevin walks to school.

(4) 彼らはその映画が退屈だとわかるでしょう。
They will find the movie boring.

(5) 生徒たちは私にいくつか質問をしました。
The students asked me some questions.

(6) その机を動かさないで。
Don't move the desk.

(7) 彼は子どもたちにその話を伝えました。
He told the story to his children.

(8) 由香，気をつけて。
Be careful, Yuka.

(9) その試合は私たちをわくわくさせました。
The game made us excited.

2 各組の文がほぼ同じ内容を表すように，___に適する語を書きなさい。 4点×6(24点)

(1) Paul gave her some oranges.
Paul gave some oranges to her.

(2) You must not take pictures here.
Don't take pictures here.

(3) I'll send Miki a present.
I'll send a present to Miki.

(4) Rie cooked me breakfast.
Rie cooked breakfast for me.

(5) Will you open the door?
Please open the door.

(6) I bought him a nice hat.
I bought a nice hat for him.

実力アップ！ 「道順を教えて」と言うときはtell? teach?

動詞のtellとteachは，第4文型 (SVOO) でよく使われることを学んだね。どちらもよく「教える」と訳されるけれど，tellは「(ある事を)伝える」，teachは「(学問や技術を)指導する」という意味の違いがあるよ。だから，「道順を教えて」と言うときはtellを使うんだね。

例：Please tell me the way to the station.
駅までの道順を教えてください。

攻略のカギ❸ 第4文型 (1) gave, me (2) show, them (3) asked, her (4) make, for (5) send, to

攻略のカギ❹ 第5文型 (1) calls, me (2) found (3) keeps, us (4) leave

3 日本文に合うように，〔 〕内の語(句)を並べかえなさい。ただし，それぞれ不足する1語を補うこと。 6点×2（12点）

(1) サムはそのイヌをポチと名づけました。〔 Pochi / the dog / Sam 〕.

Sam named the dog Pochi.

(2) あなたにその写真を見せましょうか。〔 to / I / the pictures / shall / you 〕?

Shall I show the pictures to you?

4 Write メモを見て，卓也になったつもりで，自分について紹介する英文を書きなさい。 7点×2（14点）

自己紹介カード
(1) 兄からタクと呼ばれている
(2) エイミー(Amy)から英語を教わっている

(1) （例）My brother calls me Taku.

(2) （例）Amy teaches me English.

5 Read リサ(Lisa)が自分の祖父についてスピーチをしています。起こった出来事の順番になるように，ア～ウを正しく並べかえなさい。 （完答7点）

Last year, my grandfather showed me his treasure. It was a tennis racket. He wanted to be a professional tennis player when he was a junior high school student. It was not easy for him to practice every day, but he kept practicing. One day, he finally became a professional tennis player and won a tennis match. A famous tennis player gave him the racket then. It was his best memory. He said, "Don't give up, Lisa. If you do your best, your dream will come true."

昨年，祖父が彼の宝物を私に見せてくれました。それはテニスのラケットでした。彼は中学生だったとき，プロのテニス選手になりたかったのです。毎日練習するのは彼にとって簡単ではありませんでしたが，彼は練習し続けました。ある日，彼はついにプロのテニス選手になり，テニスの試合で勝ちました。そのとき有名なテニス選手が彼にそのラケットをくれたのです。それは彼の最高の思い出でした。彼は「あきらめないで，リサ。最善をつくせば，夢はかなうよ。」と言いました。

ア リサの祖父は彼女に宝物を見せた。
イ 有名なテニス選手がリサの祖父にラケットをあげた。
ウ リサの祖父がテニスの試合で勝った。

(ウ → イ → ア)

6 Listen 音声を聞いて，内容と合うものには○を，異なるものには×を書きなさい。 8点×2（16点）

(1) 久美は昨日，レストランでお姉さんの誕生日パーティーを開いた。 (×)

(2) 久美はお姉さんのためにケーキを作った。 (○)

3 (1)「OをCと名づける」は〈name＋O＋C〉で表す。

(2) 前置詞のtoがあるので，第3文型（SVO）の語順にする。〈show＋もの＋to＋人〉で「(人)に(もの)を見せる」という意味。Shall I ～?は「～しましょうか」と申し出る表現。

4 (1)「OをCと呼ぶ」は〈call＋O＋C〉で表すことができる。

(2)「(人)に(もの)を教える」は〈teach＋人＋もの〉で表すことができる。

別解 前置詞toを使って，第3文型（SVO）で表すことができる。

Amy teaches English to me.

5 本文より，リサの祖父はテニスの試合に勝った（5文目参照）あとに有名なテニス選手からラケットをもらった（6文目参照）ことがわかる。そのラケットを昨年リサに見せている（1文目参照）ため，**ウ→イ→ア**の順だとわかる。

6 放送文

Mike: Hi, Kumi. What did you do yesterday?
Kumi: Yesterday was my sister's birthday. We had her birthday party at home.
Mike: Wow, that's nice! Did you enjoy it?
Kumi: Yes. We had a great time. I made her a birthday cake. She looked so happy.

・放送文全訳・

マイク：やあ，久美。昨日は何をしたの？
久美：昨日は私の姉の誕生日だったよ。家で彼女の誕生日パーティーを開いたんだ。
マイク：わあ，すてきだね！ 楽しかった？
久美：うん。すばらしい時間を過ごしたよ。私は彼女に誕生日ケーキを作ったんだ。彼女はとてもうれしそうだったよ。

7日目 いろいろな疑問文・仮定法

要点 を確認しよう p.30~31

攻略のカギ❶ 疑問詞のある疑問文 (1) What (2) When, did (3) What, color(s) (4) How, many (5) Who's

攻略のカギ❷ 間接疑問文 (1) where, is (2) what, she (3) when, start[begin]

問題 を解こう p.32~33

1 (2) ⚠注意 間接疑問文なので〈疑問詞＋主語＋動詞 ～〉の語順になる。

(3) 実現できない願望を表す仮定法の文。〈I wish ＋主語＋ were ～.〉で「～であればいいのに」という意味。

(4)「(時間や長さが)どのくらい～か」How long ～?

(5) 仮定法の文。〈If ＋主語＋動詞の過去形 ～, 主語＋ would ＋動詞の原形 ....〉の語順になる。

(7) 仮定法の文。「もし～であれば，…できるのに」という意味なので，助動詞は could を使う。

2 (3)「何の～」は〈what ＋名詞〉で表す。

(4) Do you know で文を始めて，〈疑問詞＋主語＋(助)動詞 ～〉を続けて間接疑問文にする。

(5)「～であればいいのに」と実現できない願望を表しているので，〈I wish ＋主語＋動詞の過去形 ～.〉とする。

1 日本文に合うように，____に適する語を書きなさい。 3点×7(21点)

(1) あなたはなぜ警察署へ行ったのですか。
Why did you go to the police station?

(2) あなたは彼女がどこの出身か知っていますか。
Do you know where she is[comes] from?

(3) 私がネコであればいいのに。
I wish I were a cat.

(4) あなたはふだん，どれくらい寝ますか。
How long do you usually sleep?

(5) もし私がたくさんお金をもっていれば，世界中を旅するだろうに。
If I had a lot of money, I would travel all over the world.

(6) どちらの傘があなたのものですか。
Which umbrella is yours?

(7) もし今日が休日なら，その映画を見ることができるのに。
If it were a holiday today, I could see the movie.

2 日本文に合うように，〔 〕内の語(句)を並べかえなさい。 6点×5(30点)

(1) 私は彼がだれなのか知りません。
I don't know〔 is / who / he 〕.
I don't know who he is.

(2) もし私が病気でなければ，速く走ることができるのに。
〔 were / sick / if / I / not 〕, I could run fast.
If I were not sick, I could run fast.

(3) あなたは何の教科が好きですか。
〔 do / what / like / you / subject 〕?
What subject do you like?

(4) あなたは亜矢がいつ来るか知っていますか。
〔 know / Aya / do / when / you / come / will 〕?
Do you know when Aya will come?

(5) その歌手が日本にいればいいのに。
〔 were / in / I / the singer / Japan / wish 〕.
I wish the singer were in Japan.

5 放送文

Emma: What are you doing, Akira?
Akira: I'm looking for my wallet. I've been looking for it since this morning.
Emma: That's too bad. Do you remember when you used it?
Akira: Well, I used it when I bought some sandwiches for lunch yesterday.
Emma: All right. What color is your wallet?
Akira: It's green. I usually put it in my bag.
Emma: Oh, I saw a green wallet in the library after school yesterday.
Akira: Really? I'll go there. Thank you.
Emma: You're welcome.

攻略のカギ❸ 仮定法 (1) were, could (2) had, would (3) knew, would (4) had, would (5) were, would (6) weren't, would

攻略のカギ❹ I wish ＋仮定法 (1) wish, had (2) wish, were (3) wish, could

3 絵を見て，それぞれの人物になったつもりで，「～できればいいのに」という英文を書きなさい。 6点×2（12点）

(1) （例）I wish I could fly (like a bird).

(2) （例）I wish I could speak many [a lot of] languages.

4 早紀（Saki）とケビン（Kevin）の対話を読んで，あとの問いに答えなさい。 （16点）

Saki: Someone is playing the piano well. Do you know who is playing?
だれかがじょうずにピアノをひいているね。 だれがひいているかわかる？

Kevin: Yes. Ken is playing it now. He is a good pianist.
うん。 今，健がひいているよ。 彼はじょうずなピアニストだよ。

Saki: Wow, I like his performance very much.
わあ，私は彼の演奏がとても好き。

Kevin: I will go to his piano concert tomorrow. Will you go with me?
ぼくは明日，彼のピアノコンサートに行くつもりなんだ。 いっしょに行かない？

Saki: That sounds good. What time will the concert start?
いいね。 コンサートは何時に始まるの？

Kevin: It'll start at six in the afternoon.
午後6時に始まるよ。

Saki: Great! Where will it be held?
いいね！ どこで開かれるの？

Kevin: In Wakaba Hall. Do you know where it is?
わかばホールだよ。 どこにあるか知ってる？

Saki: Yes, I do. So shall we meet at the station at five?
うん，知ってる。 じゃあ5時に駅で会わない？

Kevin: OK! I'll buy some flowers for him near the station.
いいよ！ 駅の近くで彼に花を買うつもりだよ。

(1) 対話の内容と合うものを下から2つ選び，記号で答えなさい。 完答8点

ア 早紀はケビンのピアノ演奏が気に入っている。
イ コンサートは，明日の午後6時に始まる。
ウ 早紀はわかばホールがある場所を知っている。
エ ケビンはわかばホールの近くで花を買うつもりだ。

（ イ ）（ ウ ）

(2) 次の問いに英語で答えなさい。 8点

What time will Saki and Kevin meet at the station?

（例）They will meet at five (there).

5 音声を聞いて，エマと明の会話の内容に合うように，次の質問に日本語で答えなさい。 7点×3（21点）

(1) 明はいつから財布を探していますか。 （ 今朝 ）から
(2) 明の財布は何色ですか。 （ 緑 ）色
(3) エマは財布をどこで見ましたか。 （ 図書館［室］ ）

3 (1) 絵の内容から，「（鳥のように）飛べたらいいのに」という意味の文にする。「～できればいいのに」は〈I wish ＋ I could ＋動詞の原形 ～.〉で表すことができる。
(2) 絵の内容から，「たくさんの言語を話すことができればいいのに」という意味の文にする。

4 (1) **ア** 早紀の2つ目の発言参照。I like his performance very much とあるが，この his は Ken を指しているので合わない。
イ ケビンの3つ目の発言参照。明日のコンサートは午後6時に始まることがわかるため内容と合う。
ウ ケビンが4つ目の発言でわかばホールの場所を知っているかたずねたのに対し，早紀は Yes と答えているため内容と合う。
エ ケビンの最後の発言で，駅の近くで買うつもりであることがわかるため合わない。
(2) 質問は「早紀とケビンは何時に駅で会いますか」という意味。

・放送文全訳・

エマ：何をしているの，明？
明　：財布を探しているんだ。今朝からずっと探しているよ。
エマ：大変だね。それをいつ使ったのか覚えてる？
明　：うーん，昨日の昼食にサンドイッチを買ったときに使ったよ。
エマ：なるほど。あなたの財布は何色なの？
明　：緑色だよ。たいていかばんに入れているんだ。
エマ：あら，昨日の放課後，図書館で緑の財布を見たよ。
明　：本当に？ そこへ行くね。ありがとう。
エマ：どういたしまして。

8日目 比較

要点を確認しよう p.34~35

攻略のカギ❶ 比較級と最上級の文① (1) younger, than (2) the, tallest (3) faster, than (4) easiest, of

攻略のカギ❷ 比較級と最上級の文② (1) more, exciting (2) most, famous

問題を解こう p.36~37

1 (1) ⚠注意 hotの比較級は，tを重ねてhotterとなる。

(2) difficultの最上級はmost difficultとなる。of all「すべての中で」

(3)「…よりも～のほうが好き」はlike ～ better than ... で表す。

2 (1)「久美は雄太よりも速く泳ぐことができます」→「雄太は久美ほど速く泳ぐことができません」〈not as ～ as ...〉は「…ほど～ない」という意味。

(2)「富士山は日本でいちばん高い山です」→「富士山は日本のほかのどの山よりも高いです」最上級の文は〈比較級＋ than any other ＋単数名詞〉で書きかえることができる。

3 (2) ☆重要「ほかのどの～よりも…」は〈比較級＋ than any other ＋単数名詞〉で表す。

(3) ☆重要「最も～な…のうちの1人」は〈one of the ＋最上級＋複数名詞〉で表す。

(4)「～がいちばん好き」はlike ～ (the) bestで表すことができる。

---

1 日本文に合うように，＿＿に適する語を書きなさい。 3点×5(15点)

(1) 昨日は今日よりも暑かったです。
Yesterday was ＿hotter＿ ＿than＿ today.

(2) この本はすべての中でいちばん難しいです。
This book is the ＿most＿ difficult ＿of＿ all.

(3) 私は夏よりも秋のほうが好きです。
I like fall ＿better＿ ＿than＿ summer.

(4) エマは明よりもゆっくり走りました。
Emma ran ＿more＿ ＿slowly＿ than Akira.

(5) 彼のかばんは私のものと同じくらい新しいです。
His bag is ＿as＿ new ＿as＿ mine.

2 各組の文がほぼ同じ内容を表すように，＿＿に適する語を書きなさい。 4点×3(12点)

(1) Kumi can swim faster than Yuta.
Yuta can't swim ＿as＿ ＿fast＿ as Kumi.

(2) Mt. Fuji is the highest mountain in Japan.
Mt. Fuji is higher than any ＿other＿ ＿mountain＿ in Japan.

(3) This movie isn't as famous as that one.
That movie is ＿more＿ famous ＿than＿ this one.

3 日本文に合うように，〔 〕内の語(句)を並べかえなさい。 4点×4(16点)

(1) このかばんは3つの中でいちばん大きいです。
This bag 〔 biggest / the three / the / is / of 〕.
This bag ＿is the biggest of the three＿.

(2) 理恵は私のクラスの中で，ほかのどの女子よりも背が高いです。
Rie is 〔 girl / any / than / in my class / other / taller 〕.
Rie is ＿taller than any other girl in my class＿.

(3) 彼は日本で最も人気のある歌手の1人です。
He is 〔 singers / the / in Japan / popular / one / most / of 〕.
He is ＿one of the most popular singers in Japan＿.

(4) あなたは何色がいちばん好きですか。
What 〔 the / do / like / you / color / best 〕?
What ＿color do you like the best＿?

---

6 放送文 (1) *Yuka:* You play the guitar the best in our school, Mike.
Mike: Thank you, Yuka.
Yuka: Can you play the piano, too?
Mike: Yes. I like the piano better than the guitar.

(2) *Kate:* Akira, please pass me my bag.
Akira: I can see three bags. Is your bag the biggest one?
Kate: No. My bag is the smallest of the three.
Akira: OK.

攻略のカギ❸ as ~ as ... (1) as, as (2) not, as (3) can't[cannot], as

攻略のカギ❹ いろいろな比較の文 (1) better, than (2) the, best (3) Which, better, better (4) What[Which], best

4 Write メモを見て，留学生のサム(Sam)に質問する英文を書きなさい。 7点×2(14点)

サムに質問したいこと
(1) サッカーと野球では，どちらのほうが好きか
(2) 何の食べ物がいちばん好きか

(1) (例) Which do you like better, soccer or baseball?
(2) (例) What food do you like (the) best?

5 Read 亜矢(Aya)がクラスで行ったアンケート調査の結果について，英語でスピーチをしています。次の英文を読んで，あとの問いに答えなさい。 (29点)

I asked my classmates, "What school event do you like the best?" Today, I'll show you the results of my research. In my class, the school trip is more popular than any other event. About half of the students like the school trip the best. The sports festival is as popular as the school festival. I was sad to learn that the chorus contest isn't as popular as the school festival. I'm a member of the chorus club and I like the chorus contest the best.

私はクラスメートに「どの学校行事がいちばん好きですか」とたずねました。今日，私は調査の結果を発表します。私のクラスでは，修学旅行がほかのどの行事よりも人気です。およそ半分の生徒が修学旅行がいちばん好きです。体育祭は文化祭と同じくらい人気です。私は合唱コンクールが文化祭ほど人気がないことを知って悲しかったです。私は合唱部の一員で，合唱コンクールがいちばん好きです。

(1) スピーチの内容と合うものには○を，異なるものには×を書きなさい。 5点×3(15点)
ア およそ半分の生徒が，修学旅行がいちばん好きだと答えた。 (○)
イ 亜矢のクラスでは，体育祭は文化祭ほど人気がない。 (×)
ウ 亜矢のクラスでは合唱コンクールがいちばん人気である。 (×)

(2) 次の英文が本文の内容と合うように，①，②に適する語句を下から選んで書きなさい。 7点×2(14点)

In Aya's class, the ① school trip is the most popular. Aya likes the ② chorus contest better than any other school event.
[school trip sports festival school festival chorus contest]

6 Listen 音声を聞いて，内容に合う絵をア～ウから選び，○をつけなさい。 7点×2(14点)

(1)
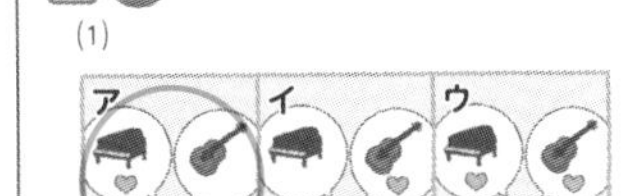

(2)
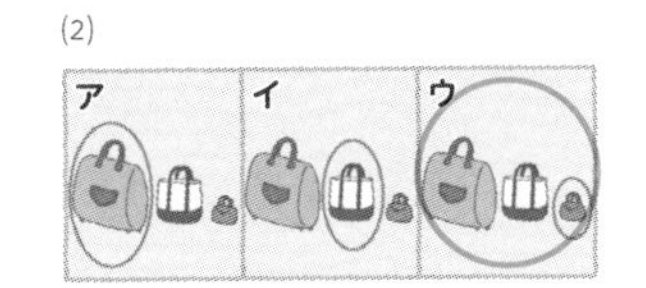

4 (1)「あなたは～と…ではどちらのほうが好きですか」とたずねるときは，Which do you like better, ~ or ...? と表す。
⚠注意 better のあとにはコンマを置く。
(2)「あなたは何の～がいちばん好きですか」とたずねるときは，What ~ do you like (the) best? と表す。the は省略してもよい。

5 (1) **ア** 4文目参照。「およそ半分の生徒が修学旅行がいちばん好きです」とあるので内容と合う。
イ 5文目参照。「体育祭は文化祭と同じくらい人気です」とあるので内容と合わない。
ウ 3文目参照。いちばん人気のある行事は修学旅行であることがわかるので内容と合わない。
(2) 3文目より，亜矢のクラスでいちばん人気があるのは修学旅行で，最後の文より，亜矢は合唱コンクールがいちばん好きであることがわかる。

・放送文全訳・
(1) 由香：あなたは私たちの学校でいちばんじょうずにギターをひくね，マイク。
マイク：ありがとう，由香。
由香：あなたはピアノもひけるの？
マイク：うん。ぼくはギターよりもピアノのほうが好きなんだ。
(2) ケイト：明，私のかばんをとってください。
明：かばんが3つ見えるよ。きみのかばんはいちばん大きいもの？
ケイト：ううん。私のかばんは3つの中でいちばん小さいよ。
明：わかったよ。

9日目 受け身

要点を確認しよう p.38~39

攻略のカギ❶ 受け身の文 (1) is, cooked[made] (2) was, cooked[made] (3) will, be (4) is, spoken (5) must, be (6) can, seen

攻略のカギ❷ 受け身の否定文・疑問文 (1) was, not (2) Was, written, wasn't

問題を解こう p.40~41

1 (4) study「勉強する」の過去分詞はyをiにかえて -ed をつける。

2 (1) be covered with ~「~におおわれている」
(2) 受け身の否定文はbe動詞のあとにnotを置く。空所の数より，aren't とする。
(4) be filled with ~「~でいっぱいである」
(5) 重要 助動詞がある受け身の文は，〈助動詞＋be＋過去分詞〉の形になる。
(6) be known to ~「~に知られている」
(7) be made of ~「~でできている(材料)」

3 (1) choose の過去分詞は chosen。
(2) write の過去形は wrote。
(3) 受け身の否定文はbe動詞のあとにnotを置く。
(4)「あなたの国では何語が話されていますか」という文にする。「何の~」は〈what＋名詞〉で表す。

1 次の文の___に( )内の語を適する形にかえて書きなさい。 3点×5(15点)
(1) The classroom is cleaned by the students every day. (clean)
(2) My house was built three years ago. (build)
(3) A lot of people were invited to the party. (invite)
(4) Science is not studied in this college. (study)
(5) Was Bill's bag found in the library? (find)

2 日本文に合うように，___に適する語を書きなさい。 4点×7(28点)
(1) 湖は氷でおおわれています。
The lake is covered with[in] ice.
(2) 彼女の小説は日本で売られていません。
Her novels aren't sold in Japan.
(3) この窓はいつ，ビルに割られたのですか。
When was this window broken by Bill?
(4) その箱は野菜でいっぱいです。
The box is filled with vegetables.
(5) 私の家から富士山を見ることができます。
Mt. Fuji can be seen from my house.
(6) この映画は多くの人々に知られています。
This movie is known to many people.
(7) このツルは紙でできているのですか。
Is this crane made of paper?

3 次の文を( )内の指示にしたがって書きかえなさい。 5点×4(20点)
(1) My mother chose this dress. (受け身の文に)
This dress was chosen by my mother.
(2) These books were written by a famous writer. (下線部を主語にした文に)
A famous writer wrote these books.
(3) This picture was taken by my brother. (否定文に)
This picture wasn't[was not] taken by my brother.
(4) French is spoken in your country. (下線部をたずねる疑問文に)
What language is spoken in your country?

6 放送文
Ken: Wow, it is a nice clock!
Lisa: Thank you. It is made of wood. My sister gave it to me. She lives in the U.K. now. She teaches Japanese there.
Ken: Where was this clock made?
Lisa: It was made in France. My sister worked there three years ago. I visited her last year and we went to Italy together then.
Question: Where was the clock made?

(3) weren't, carried　(4) Is, called, is　(5) aren't, read　(6) Where, was

攻略のカギ❸ by以外を使う受け身の表現　(1) interested, in　(2) covered, with[in]　(3) known, to
(4) surprised, at[by]　(5) made, of　(6) made, from

4 Write 次の表は，4人が何に興味があるかを表しています。2人選び，「…は～に興味があります」という英文を書きなさい。 6点×2 (12点)

Mike	野球
Aya	芸術
Akira	科学
Jane	音楽

・(例) Mike is interested in baseball.

・(例) Aya is interested in art.

5 Read ジェーン(Jane)と卓也(Takuya)が歌舞伎(かぶき)について話しています。次の対話を読んで，あとの問いに答えなさい。 (19点)

Jane: Takuya, do you know *kabuki*?
卓也，歌舞伎を知ってる？
Takuya: Yes, I do. It's one of the most famous traditional performing arts in Japan.
うん，知ってるよ。日本でいちばん有名な伝統芸能の1つだよ。
Jane: I'm reading a book about Japanese culture. ①It's about *kabuki*. I'm interested in it.
私は日本文化についての本を読んでいるの。それは歌舞伎についてなんだ。私はそれに興味があるの。
Takuya: Nice. It has a long history, and even now it is loved by people all over the world.
いいね。長い歴史があって，今でも世界中の人々に愛されているんだ。
Jane: Have you ever watched *kabuki*?
今までに歌舞伎を見たことがある？
Takuya: Yes. I have watched it once. I was surprised (②) the big stage. I didn't know that all roles are played by men in *kabuki*. It was very interesting.
あるよ。一度見たことがある。ぼくは大きな舞台に驚いたよ。歌舞伎ではすべての役が男性によって演じられることを知らなかったんだ。とてもおもしろかったよ。
Jane: Wow, I didn't know that either. Please tell me more.
わあ，それは私も知らなかった。もっと教えて。
Takuya: Sure.
いいよ。

(1) 下線部①が指すものを5語の英語で本文から抜き出して書きなさい。 5点
a book about Japanese culture

(2) ②に入る語として適切なものを，下から選んで書きなさい。 5点
[from　in　at　of]　　at

(3) 対話の内容と合うように，( )に適する日本語を書きなさい。 3点×3 (9点)
卓也は歌舞伎を(一)度見たことがあり，(大きな舞台)に驚いた。彼は，歌舞伎ではすべての役が(男性)によって演じられることを知らなかった。

6 Listen 音声を聞いて，内容についての質問に対する答えを1つ選び，記号で答えなさい。 (6点)

ア In the U.K.　イ In Japan.　ウ In France.　エ In Italy.　(ウ)

4 「～に興味がある」はbe interested in ～で表す。
別解 Akira is interested in science. / Jane is interested in music.

5 (1) 直前の文の名詞に注目する。
(2) be surprised at ～「～に驚く」
(3) 卓也の3つ目の発言参照。I have watched it once.「ぼくは一度，それ（歌舞伎）を見たことがあります」とある。それに続く発言で，歌舞伎を見て大きな舞台に驚いたことや，all roles are played by men「すべての役が男性によって演じられる」ということを知らなかったことについて話している。
role「役」
play「～を演じる」

・放送文全訳・
健　：わあ，すてきな時計だね！
リサ：ありがとう。それは木でできているんだ。姉が私にくれたんだよ。彼女は今イギリスに住んでいるよ。彼女はそこで日本語を教えているんだ。
健　：この時計はどこで作られたの？
リサ：それはフランスで作られたんだよ。姉は3年前そこで働いていたよ。私は昨年，彼女のところを訪れて，私たちはそのときいっしょにイタリアへ行ったんだ。
質問：時計はどこで作られましたか。

10日目 関係代名詞・分詞の形容詞的用法

要点を確認しよう p.42~43

攻略のカギ❶ 関係代名詞（主格） (1) who[that], speaks (2) which[that], goes (3) which[that], runs (4) who[that], is (5) which[that], was

攻略のカギ❷ 関係代名詞（目的格） (1) which[that], she (2) that, we (3) I, visit (4) which[that], uses

問題を解こう p.44~45

1 (2) ⚠注意 先行詞が動物のとき，関係代名詞は which[that]を使う。

(6) 関係代名詞 that は，人にもものにも使うことができる。

(7) ☆重要 目的格の関係代名詞を省略した文。This is a restaurant (which[that]) I visited last year.

2 (1)「私にはカナダで働く姉がいます」working in Canada が a sister を後ろから修飾する形に書きかえる。

(2)「これは有名な作家によって書かれた本です」written by a famous writer が a book を後ろから修飾する形に書きかえる。

(3)「あなたは公園で走っている男の子を知っていますか」先行詞が the boy で人なので，関係代名詞 who[that]を使って表す。

3 (3) ☆重要「中古のいす」は過去分詞 used を使って used chair（使われたいす）と表す。

(4) flying in the sky が those birds を後ろから修飾している形にする。

---

1 次の文の( )内から適する語を選び，記号を○で囲みなさい。 4点×7(28点)

(1) This is a letter (ア who　(イ) which) she wrote last night.
(2) Look at the panda ((ア) that　イ who) is sitting on the ground.
(3) The boys ((ア) who　イ which) played baseball were high school students.
(4) We ate a cake (ア who　(イ) that) was made by Kumi.
(5) The movie (ア who　(イ) which) I saw yesterday was interesting.
(6) She is a singer (ア which　(イ) that) I like the best.
(7) This is a restaurant ((ア) I　イ which) visited last year.

2 各組の文がほぼ同じ内容を表すように，＿＿に適する語を書きなさい。 4点×3(12点)

(1) I have a sister who works in Canada.
I have a ＿sister＿ ＿working＿ in Canada.

(2) This is a book which was written by a famous writer.
This is a ＿book＿ ＿written＿ by a famous writer.

(3) Do you know the boy running in the park?
Do you know the ＿boy＿ ＿who[that]＿ is running in the park?

3 日本文に合うように，〔 〕内の語(句)を並べかえなさい。ただし，それぞれ不足する1語を補うこと。 5点×4(20点)

(1) 私はフランスで作られた腕時計をもっています。
I have 〔 was / in France / a watch / made 〕.
I have ＿a watch which[that] was made in France＿.

(2) あなたはあそこに立っている男性を知っていますか。
Do you know 〔 is / the man / standing / over there 〕?
Do you know ＿the man who[that] is standing over there＿?

(3) 彼は先週たくさんの中古のいすを買いました。
〔 many / bought / chairs / he 〕 last week.
＿He bought many used chairs＿ last week.

(4) 空を飛んでいるあの鳥たちが見えますか。
〔 see / birds / you / can / those 〕 in the sky?
＿Can you see those birds flying＿ in the sky?

---

6 放送文 Welcome to ABC Aquarium! Today's event is a penguin show at West-Beach area. To see the event, you need a ticket sold at the shop near the gate. And you can get a special card if you come here for the first time. Please ask the staff wearing a yellow hat to get one. Have a good time!

Question: What should you do if you want a special card?

攻略のカギ❸ 現在分詞 (1) dancing, girl (2) listening, to (3) girl, crying (4) cat, sleeping (5) singing, are

攻略のカギ❹ 過去分詞 (1) broken, glass (2) book, written (3) made, in (4) used, bike[bicycle] (5) language, spoken

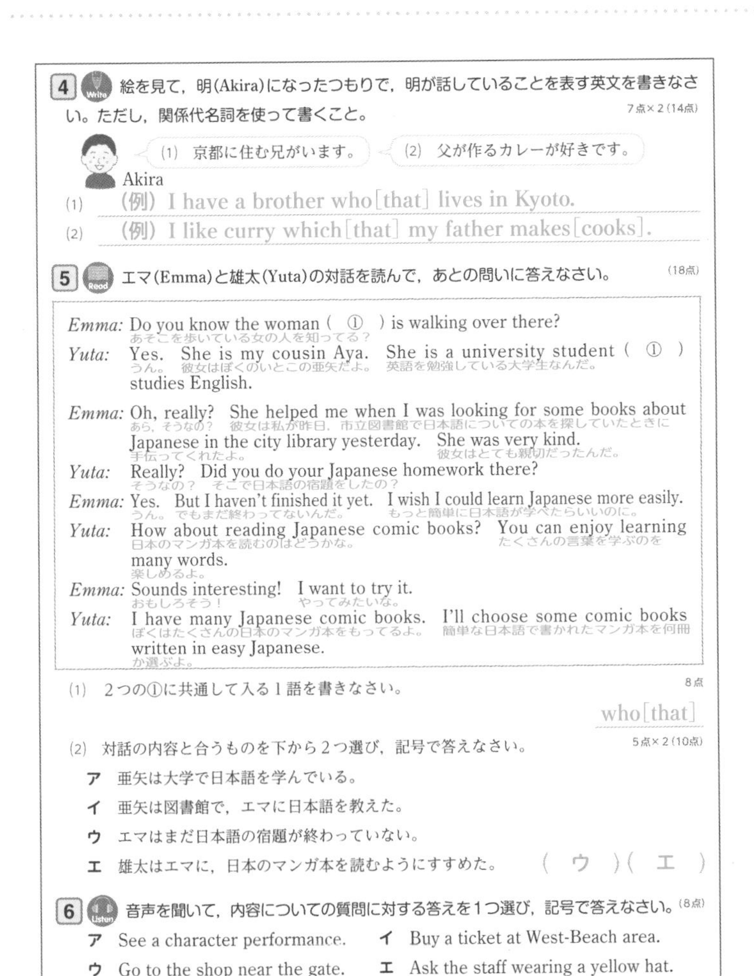

4 Write 絵を見て，明(Akira)になったつもりで，明が話していることを表す英文を書きなさい。ただし，関係代名詞を使って書くこと。 7点×2(14点)

(1) 京都に住む兄がいます。
(2) 父が作るカレーが好きです。
Akira

(1) (例) I have a brother who[that] lives in Kyoto.

(2) (例) I like curry which[that] my father makes[cooks].

5 Read エマ(Emma)と雄太(Yuta)の対話を読んで，あとの問いに答えなさい。 (18点)

Emma: Do you know the woman (①) is walking over there?
あそこを歩いている女の人を知ってる？

Yuta: Yes. She is my cousin Aya. She is a university student (①) studies English.
うん。彼女はぼくのいとこの亜矢だよ。英語を勉強している大学生なんだ。

Emma: Oh, really? She helped me when I was looking for some books about Japanese in the city library yesterday. She was very kind.
あら，そうなの？ 彼女は私が昨日，市立図書館で日本語についての本を探していたときに手伝ってくれたよ。彼女はとても親切だったんだ。

Yuta: Really? Did you do your Japanese homework there?
そうなの？ そこで日本語の宿題をしたの？

Emma: Yes. But I haven't finished it yet. I wish I could learn Japanese more easily.
うん。でもまだ終わってないんだ。もっと簡単に日本語が学べたらいいのに。

Yuta: How about reading Japanese comic books? You can enjoy learning many words.
日本のマンガ本を読むのはどうかな。たくさんの言葉を学ぶのを楽しめるよ。

Emma: Sounds interesting! I want to try it.
おもしろそう！ やってみたいな。

Yuta: I have many Japanese comic books. I'll choose some comic books written in easy Japanese.
ぼくはたくさんの日本のマンガ本をもってるよ。簡単な日本語で書かれたマンガ本を何冊か選ぶよ。

(1) 2つの①に共通して入る1語を書きなさい。 8点

who[that]

(2) 対話の内容と合うものを下から2つ選び，記号で答えなさい。 5点×2(10点)

ア 亜矢は大学で日本語を学んでいる。
イ 亜矢は図書館で，エマに日本語を教えた。
ウ エマはまだ日本語の宿題が終わっていない。
エ 雄太はエマに，日本のマンガ本を読むようにすすめた。 (ウ)(エ)

6 Listen 音声を聞いて，内容についての質問に対する答えを1つ選び，記号で答えなさい。(8点)

ア See a character performance. イ Buy a ticket at West-Beach area.
ウ Go to the shop near the gate. エ Ask the staff wearing a yellow hat.

(エ)

4 (1)「京都に住む兄」を関係代名詞を使って表す。先行詞はa brotherで人なので，関係代名詞はwho[that]を使う。

(2)「父が作るカレー」を関係代名詞を使って表す。先行詞はcurryでものなので，関係代名詞はwhich[that]を使う。

5 (1) 空所以降が直前の名詞を修飾しているため，空所には関係代名詞が入るとわかる。どちらの空所も直前が人を表す語で，あとには動詞が続いているので，主格の関係代名詞who[that]を入れる。

(2) **ア** 雄太の最初の発言参照。亜矢は英語を学んでいるので合わない。

イ エマの2つ目の発言参照。図書館で本を探していたときに亜矢が手伝ってくれたとあるので合わない。

ウ エマの3つ目の発言参照。「まだそれ（宿題）を終えていません」とあるので内容に合う。

エ 雄太の3つ目の発言参照。How about ~ing?「~してはどうですか」

・放送文全訳・ ABC水族館へようこそ！ 本日のイベントはウェスト・ビーチエリアでのペンギンショーです。イベントを見るためには，ゲートの近くの店で売られているチケットが必要です。そして，はじめて来園された方は特別なカードをもらうことができます。カードをもらうためには，黄色い帽子をかぶったスタッフにたずねてください。よい時間を過ごしてください！
質問：特別なカードがほしい場合は何をすべきですか。

入試チャレンジテスト 英語　解答と解説

解答

1 (1) ア　(2) イ　(3) ウ　(4) エ

2 (1) イ　(2) ウ　(3) ウ

3 (1) late　(2) cold　(3) lunch
(4) (例) (You should visit) Kyoto(.)
(You can) see beautiful temples(.)

4 (1) ウ　(2) ウ　(3) ア　(4) エ
(5) ア　(6) ウ　(7) ウ

5 (1) known　(2) tried　(3) using　(4) cheaper

6 (1) オ→ウ→ア→エ→イ
(2) イ→オ→エ→ア→ウ
(3) ウ→ア→エ→オ→イ　(4) ウ→エ→イ→ア
(5) イ→オ→ア→エ→ウ
(6) ウ→イ→カ→エ→オ→ア
(7) オ→ウ→カ→ア→エ→イ

7 (例) I am going to watch a baseball game with my father. Have fun.

8 (1) He liked spending time with his family the best (about his trip).
(2) エ

9 エ

10 (1) went　(2) ウ　(3) (例) Will you tell
(4) エ　(5) ア，オ　(6) (例) do something

解答

3 (4) 別解 (You should visit) Okinawa(.) (You can) swim in the beautiful sea(.) / (You should visit) Kumamoto(.) (You can) see a great castle(.)

7 別解 I have to do my English homework. Have a good time. / I will visit my uncle this weekend. Enjoy yourself.

放送文

1 (1) My mother is riding a bike.
(2) We use this when we eat food.
(3) There is a dog under the desk and there are two bags on the chair.
(4) In my class, science is the most popular subject. Math is not as popular as music.

2 (1) There are twelve months in a year. January is the first month of the year.
Question: What is the third month of the year?
(2) Look at the cat on the chair. The cat likes to play in the garden. The cat drinks milk under the table, and sleeps under the bed.
Question: Where does the cat drink milk?
(3) I am Mary. Yesterday, I listened to the radio at 6:30 in the morning, and then I read a newspaper. I practiced judo from 4:00 to 6:00 in the afternoon. After that, I studied English from 8:00 to 9:00.
Question: What was Mary doing at 5:00 in the afternoon?

3 *Ms. Brown:* Good morning, everyone! Today, I'm going to talk about the things I like in Japan. First, buses are usually not late. In London, we should leave early when we use buses. Second, cold milk tea is popular in Japan. I like it. We often drink tea in our country but it's always hot. Third, there is school lunch in Japan. When I was a student, I brought my own lunch box. Oh, I forgot one important thing. I want to visit many places in Japan. Could you tell me one good place and what I can do there? Please write your answer. Thank you.

・放送文全訳・

1 (1) 私の母は自転車に乗っています。
(2) 私たちは食べ物を食べるときにこれを使います。
(3) 机の下に１匹のイヌがいて，いすの上に２つのかばんがあります。

※この「解答・解説」は，各都道府県発表の解答例をもとに文理編集部が作成したもので，内容に関する一切の責任は文理編集部にあります。

⑷ 私のクラスでは，理科がいちばん人気のある教科です。数学は音楽ほど人気がありません。

2 ⑴ 1年は12か月あります。1月は1年の最初の月です。　質問：1年の3番目の月は何ですか。

⑵ いすの上のネコを見てください。そのネコは庭で遊ぶのが好きです。そのネコはテーブルの下でミルクを飲み，ベッドの下で眠ります。　質問：ネコはどこでミルクを飲みますか。

⑶ 私はメアリーです。昨日，私は午前6時30分にラジオを聞き，それから新聞を読みました。午後4時から6時まで柔道の練習をしました。そのあと，8時から9時まで英語を勉強しました。　質問：メアリーは午後5時に何をしていましたか。

3 ブラウン先生：みなさん，おはようございます。今日は，私が日本で気に入っていることについてお話しします。まず，バスはたいてい遅れません。ロンドンでは，バスを使うときは早めに出発すべきです。2つ目に，日本では冷たいミルクティーが人気です。私はそれが好きです。私たちの国では紅茶をよく飲みますが，いつも熱いのです。3つ目に，日本には給食があります。私は学生のとき，弁当を持っていきました。ああ，1つ大事なことを忘れていました。私は日本の多くの場所を訪れたいと思っています。1つよい場所とそこで何ができるのかを私に教えてくださいませんか。あなたの答えを書いてください。ありがとうございました。

・全文訳・

10 オリビア：先週末は何をしたの？

香奈：家族とビーチに行ったよ。

オリビア：楽しかった？

香奈：うん。でも私たちが行ったビーチはきれいじゃなかったから，昼食を食べたあとビーチをそうじして，そこでたくさんのペットボトルとビニール袋を集めたんだ。

オリビア：ああ，私も去年ハワイで友達といっしょにビーチをそうじしてそれらを集めたよ。その中には日本語で書かれた文字があるものもあったよ。そんなに遠くまで流れてきたからびっくりした。

香奈：プラスチックごみは世界中で問題になっているよね。

オリビア：私もそう思う。それはビーチや海から自然には消えない。環境に悪いね。

香奈：雑誌でプラスチックごみのほかの問題に関する記事を読んだよ。

オリビア：本当に？　その記事について教えてもらえる？

香奈：いいよ。海の中の多くの動物が，プラスチックごみを食べ物だと思って食べてしまうの。そして，それを消化することができなくて，それ以上食べ物を食べなくなってしまうんだ。

オリビア：そして，多くの動物が死んでしまうんだね？

香奈：そう。だから私たちはプラスチックごみを減らさなければならないよ。漁師さんたちといっしょに海をきれいにしようとしている日本の高校生がいると聞いたよ。海の底からごみを集めて，それからその活動を世界に伝えているんだって。その中には，たくさんのプラスチックごみがあるとも聞いたよ。

オリビア：私たちが今すぐに漁師さんたちといっしょにそれをするのは難しいと思うけど，プラスチックごみを減らすことを始めるべきだね。香奈，私たちにできることは何？

香奈：学校には自分たちの水筒を持ってきて，買い物には自分たちのバッグを持っていけるよ。

オリビア：それはいいね。これらの行動は小さなことだと思うけど，私たちが環境のためによいことをするのは大切だね。

香奈：その通りだね。プラスチックごみを減らすために多くの高校生がそれをすれば，ビーチや海の環境はよくなるよ。だから，まずはその問題について友達と話し合うことを始めよう！

オリビア：わかった！

巻末の「ふりかえりシート」に，きみの得点を記入しよう！

10日間ふりかえりシート

このテキストで学習したことを，①～③の順番でふりかえろう。

① 各単元の 問題を解こう の得点をグラフにして，苦手な単元は復習しよう。
② 付録の「入試チャレンジテスト」を解いて，得点をグラフにしよう。
③ すべて終わったら，受験までの残りの期間でやることを整理しておこう。

① 得点を確認する

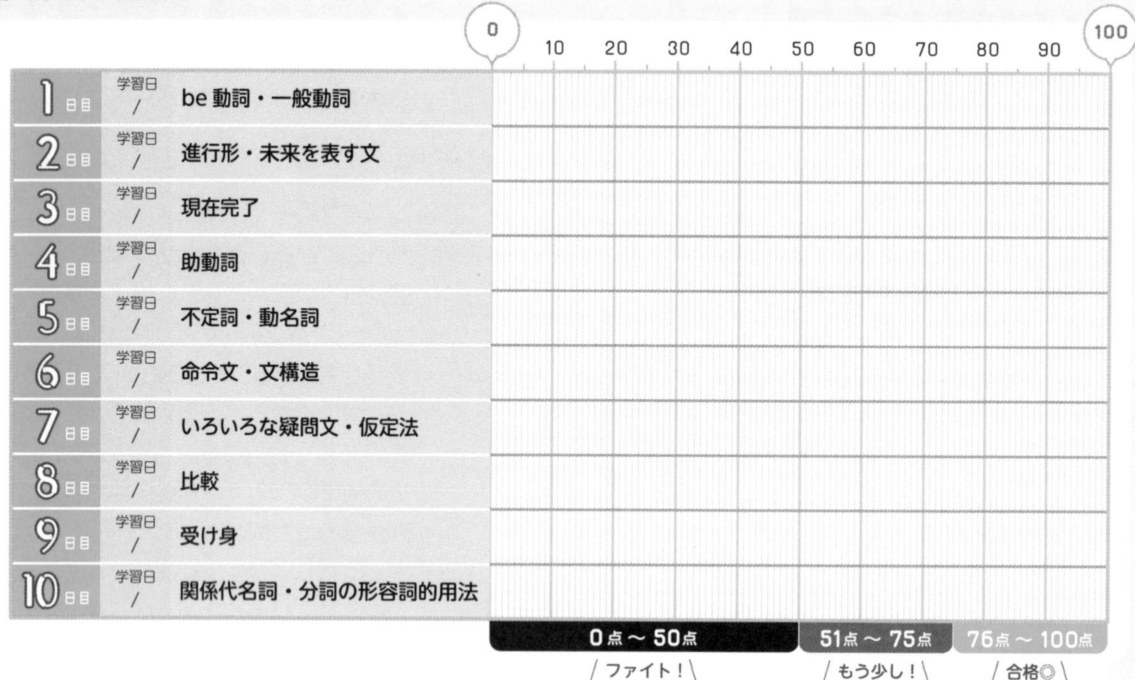

日目	学習日	単元	0	10	20	30	40	50	60	70	80	90	100
1日目	/	be 動詞・一般動詞											
2日目	/	進行形・未来を表す文											
3日目	/	現在完了											
4日目	/	助動詞											
5日目	/	不定詞・動名詞											
6日目	/	命令文・文構造											
7日目	/	いろいろな疑問文・仮定法											
8日目	/	比較											
9日目	/	受け身											
10日目	/	関係代名詞・分詞の形容詞的用法											

0点～50点 ／ファイト！＼
51点～75点 ／もう少し！＼
76点～100点 ／合格◎＼

② テストの得点を確認する

	0	10	20	30	40	50	60	70	80	90	100
入試チャレンジテスト											

③ 受験に向けて，課題を整理する

受験までにやること

-
-
-

1 0 9 8 7 6 5 4 3　＊＊ D C B A